U0925472

男孩成长攻略之学校篇

校园生活那些事

J·克里斯·罗斯里尔斯 著

田科武 译

罗宾·西尔弗曼博士 学术顾问

北京师范大学出版社

图书在版编目(CIP)数据

校园生活那些事／（美）罗斯里尔斯（Roselius, J.C.）著；田科武译. —北京：北京师范大学出版社，2012.5
（男孩成长攻略）
ISBN 978-7-303-14347-4

Ⅰ. ①校… Ⅱ. ①罗… ②田… Ⅲ. ①男生－中学生－学生生活 Ⅳ. ①G635.5

中国版本图书馆CIP数据核字（2012）第067271号

营销中心电话 010-58802181 58805532
北师大出版社高等教育分社网 http://gaojiao.bnup.com.cn
电子信箱 beishida168@126.com

XIAOYUAN SHENGHUO NAXIESHI

出版发行：北京师范大学出版社 www.bnup.com.cn
北京新街口外大街19号
邮政编码：100875
印　　刷：北京盛通印刷股份有限公司
经　　销：全国新华书店
开　　本：148 mm×210 mm
印　　张：5.75
字　　数：145千字
版　　次：2012年5月第1版
印　　次：2012年5月第1次印刷
定　　价：25.00元

策划编辑：谢雯萍　　责任编辑：谢雯萍
美术编辑：毛　佳　　装帧设计：锋　尚　曹　春
责任校对：李　菡　　责任印制：李　啸

译者序

和你一起成长

亲爱的，当你捧起这本书的时候，我要恭喜你：你已经进入了一生中最美好的时光之一——中学时代。

作为父亲，我一直不希望自己的女儿小田田长大。小田田五岁时，我在心里说，希望她永远五岁。当她七岁时，我希望她永远七岁。当小田田十岁时，我又对自己说，希望她永远停留在十岁。

我这样说，一方面是希望把小田田最快乐、最可爱的样子永远固化在我的人生岁月里，另一方面也隐隐地表达出我对她独自应对成长压力和挑战的担忧，我希望她永远处在父爱的羽翼之下。

可是，小田田还是一天天长大了。年初，她度过了自己的11岁生日，再过一年多，她就要和你一样，跨进中学的门槛了。

家长为孩子担忧是人之常情，但是这不应该成为我们阻碍孩子成长的理由，事实上，我们也阻止不了他们的成长。其实，中学时代是多么地令人激动啊！你逐渐摆脱对父母的依赖，开始自主思考，自由表达自己的意见并独立做出选择；你可以学到许多新知识，参加许多新活动，从而打开认识世界的新窗口，获得更加强烈的成功体验；你可以结交许多新朋友，体验更加丰富和深刻的情感和友谊，享受成长进程中的乐趣和惊喜……

当然，这个阶段的你也会面临许多新的压力和挑战。家长和教师对你的期望是不是太高了？没完没了的课外活动是不是让你分身乏术？团队合作中的分歧和冲突是不是让你难以应付？你会不会在坚守自我与融入群体间纠结不已？负面标签和同伴压力是不是让你有喘不上气来的感觉？

是的，这些压力和挑战可能都是客观存在的，但是，我同时要告诉你的是：第一，不只你一个人这样，几乎所有的中学生都可能遇到这些压力和挑战；第二，现在的你比以前更加成熟理性，拥有更多应对压力和挑战的方法和技巧。只要你愿意，一定可以战胜它们；第三，你有没有想过，当战胜了这些压力和挑战后，你会出落得更加坚强、更加伟大？这，不正是你所需要的吗？

现在，一套专门为中学男生量身打造的丛书《男孩成长攻略》终于引进出版了。在这套丛书中，你会读到近50个与你一样的男孩子的成长故事，可以从中了解当代中学男生面临的主要压力和挑战，随后的专家点评和意见建议，深入浅出、切实可行，为你提供了如何应对这些压力和挑战的方法和技巧。我很高兴参与了丛书的译介工作。如果丛书能够帮助你成功应对成长过程中的烦恼、陪你顺利度过难忘的中学时光，我将感到无比的荣幸和自豪！

田科武

（《北京青年报》常务副总编辑、系列丛书译者）

2012年4月4日

目 录

Contents

认识罗宾博士

罗宾·西尔弗曼博士非常喜欢和年轻人在一起。事实上，这是她最擅长的事情。作为一名青少年发展研究专家，罗宾博士的整个职业生涯都在帮助像你一样的男孩子成为他们想成为的人——甚至可能是超越了他们想象的人。通过阅读《男孩成长攻略》系列图书，你会了解到她就朋友、女孩子、同班同学、学校、家庭以及男孩子面临的其他种种问题提供的专家意见。

作为一名自尊和身体意象领域的专家，罗宾博士喜欢从积极的角度看待生活。她知道，在当今社会，做一个孩子有多么的艰难。她愿意给你提供支持和鼓励，帮助你成为最好的自己，实现自己的目标。

罗宾博士帮助年轻人分享他们最狂野的梦想及面临的最棘手的问题。她的同情心、开明态度和坦诚，使她深受许多青少年的信任。她认为，能够和今天的年轻人、她眼中的未来领导者打交道是上天赐予她的一份礼物。罗宾博士首创了“强力语言性格塑造系统”，世界各地的武术及其他体育运动项目中都教授这一系统，以帮助像你一样的男孩子在其所在社区成为他人的榜样。

作为一名演说家、成功培训师和获奖作家，罗宾博士掷地有声的演讲影响了许许多多人。她的专家意见也时常被《预防》(*Prevention*)杂志、《养育》(*Parenting*)杂志、《美国新闻和世界报道》(*U.S. News and World Report*)杂志和《华盛顿邮报》(*Washington Post*)等媒体重点报道。她是《泰拉秀》(*the Tyra Show*)、福克斯新闻(*Fox News*)以及美国全国广播公司(NBC)旗下的LXtv的专家。你可以在推特(Twitter)和脸谱(Facebook)上关注她，成为她的粉丝，在她的个人网站www.DrRobynSilverman.com上阅读她的博文。在不工作的时候，她喜欢和家人一起待在新泽西的家中。

罗宾博士认为，年轻人是有待开发的巨大财富，而不是需要解决的问题。正如她所说，“男孩子们其实比媒体报道的好多了。他们有很多值得称道的地方。我要重点关注男孩子是如何取得成功的，为他们提供建议，让他们知道通过什么样的途径可以把自己的青少年期变成迄今为止一生中最美好的年华……如果你也加入进来，我会不胜感激。”

开篇的话

还记得上小学时的情形吗？你为掉了一颗牙或课间休息时间谁和你一起玩等之类的事情忧愁不已。现在你又长大了几岁，面临的问题比那时更加复杂。好消息是：你应对问题的能力比以前强了。或许你想努力取得好成绩，但是你担心在学校里功课好并不被认为是一件很酷的事情。或许你因为自己想参加的各种活动而感到焦虑不安。或许你有学习障碍，或者对选择什么样的职业道路感到有压力。上学可能给你带来各种各样的焦虑和恐惧。

我在你们这个年纪的时候，也经历了许多问题。我想看起来酷一些，我的所作所为表明，我似乎没把学校当成什么大不了的事儿。不过，我还是特别在意成为一名好学生。我倒没有什么学习障碍，但是，我有个朋友有学习障碍，我看见他有的时候学习起来实在是太吃力了。我还记得自己第一次当着全班同学的面讲了几分钟的话，我当时紧张得要命，几乎都没有站起来。

或许你已经知道该如何应对很多艰难的处境。有的时候，你可以轻而易举地渡过难关。有的时候，你起初会跌倒，你只好爬起来再尝试一次。不过，有的时候，你可能被彻底击败，或者需要额外的帮助。没关系！学会如何应对挑战有助于你成长为一个真正的男子汉。

这些听起来都不错，但是，当你身处困境之时，知道这些对你有帮助吗？不会有太多帮助。如果有人说，“别担心，这不是世界末日！”这的确让人沮丧，我也明白。不过，有时候，你需要了解别人的处境以及他们是如何应对的。我希望本书中的故事对你有所帮助。

别担心！

克里斯

Chapter 1

第一章　做真实的自己

即使撇开家庭作业不谈，学校仍然是一个挑战。学校里的各种小圈子和群体——包括你所在的小圈子和群体——会让人感受到压力。或许你所在的学校里有许多群体，我们或许可以将之归为主要的两类：受欢迎的和不受欢迎的。

想让自己受欢迎，这对孩子来说是一种巨大的压力，对男孩子来说尤其如此。即使朋友很多的男孩子，也可能认为自己没有足够的“正确”朋友。为了让自己受欢迎，从行为举止或穿着上标新立异，到参与“正确”的体育项目，有些男孩子做什么都在所不惜。更糟糕的是，人们认为男孩子不应该在意自己受不受欢迎。对于男孩子来说，试图让自己受欢迎，这本身就是不受欢迎的。

不受他人欢迎，对有些男孩子来说不是问题。这些男孩子不担心别人对他们怎么想或怎么说。不过，有些男孩子却想尽一切办法让自己更受他人欢迎。托尼就是一个典型的例子。

托尼的故事

更糟糕的是，人们认为男孩子不应该在意自己受不受欢迎。对于男孩子来说，试图让自己受欢迎，这本身就是不受欢迎的。

托尼和罗布从小学二年级就是朋友。两个人过去一直最要好，但是，从上初中开始，他们待在一起的机会就不像以前那样频繁了。他们似乎不像以前一样有那么多的共同点。托尼喜欢上学，学习刻苦，门门功课都得A，还喜欢下国际象棋。而罗布对成绩得B和C就很知足，至少表面上看是这样。而且罗布的特长是足球，而不是国际象棋。

“说真的，”有一天放学后，罗布对托尼说，“你成了一个十足的书呆子。你在我心中的形象糟透了，伙计。”罗布假装是在开玩笑，但是托尼知道，罗布其实是认真的。最近三次托尼邀请罗布一起玩的时候，罗布每次都很忙。

“对不起，伙计。”有一次当托尼邀请罗布去他家玩任天堂游戏时，罗布说，“今天下午我要和艾萨克一起出去。”下一次托尼邀请时，罗布正和拉什伊德一起玩得正疯。再下一次，是和米切尔、莉萨和杰克在一起疯玩。谁都知道，他们是学校里足球踢得最好的几个人。

除了罗布之外，托尼只有两个朋友——来自国际象棋俱乐部的马克和贾斯珀。罗布为什么这么容易交到朋友？托尼感到很不解。托尼认为，罗布拥有一切重要的东西——长得英俊，衣服昂贵，还有运动才能。有些孩子因为托尼的成绩好而取笑他，但是罗布成绩一般般，却没有人取笑过他。

问题与思考

- 当你进入中学后，你和你小学时的朋友之间发生了什么变化？你们的友谊有变化吗？
- 你面临着融入群体的压力吗？
- 在你的学校，同学们认为学习成绩重要吗？擅长运动或有漂亮的衣服比学习成绩好还重要吗？
- 你们学校的孩子会取笑成绩好的同学吗？如果是，你认为为什么会这样？

此前托尼从未觉得自己像个局外人。再小一些的时候，他对自己结交的朋友非常满意。他喜欢考试得高分让自己的父母为之骄傲。但是，现在情况不一样了。同学们不再邀请他参加派对，而罗布就不一样了，这让托尼感到很是烦恼。托尼想继续与罗布交往——同时也想和罗布那些受欢迎的朋友们待在一起。

托尼思来想去自己该做些什么。托尼实际上是很有运动天赋的，只是他对体育没有太多的兴趣。托尼和罗布之间唯一真正的差异是成绩的好坏。托尼觉得他得改变这种差异。

问题与思考

- 你认为为什么一旦进入中学，托尼开始担心自己不受欢迎？你或你认识的人有过和托尼一样的感受吗？
- 你是否曾觉得自己需要再受欢迎一点？你之后都做了些什么？

老师布置的家庭作业，有些托尼有意不完成。当有门考试得了很低的分数后，他故意把试卷放在自己的课桌上，希望罗布能够看到。“如果卡尔森先生认为我在意成绩，他一定是高兴过头了。”课后，托尼扯开嗓门大声说道，但是，罗布及其朋友们似乎没有注意到他在说话。

“你怎么了，托尼？”贾斯珀问道。托尼只是耸了耸肩，什么也没有说。那天下午，托尼没有参加国际象棋俱乐部的活动，而是去了购物中心。托尼花费自己所有的积蓄，买了一些衣服，他认为罗布及其他

托尼想，他得出现在晚上的派对上，做出点酷得不能再酷的行为，从而成为学校里最受欢迎的人物。

很受欢迎的孩子穿的就是这样的衣服。

托尼的老师注意到托尼的学习成绩直线下降，他们开始怀疑他在家里是不是遇到了什么问题。贾斯珀和马克也很为他担忧。“托尼，出什么事了？”他们问道。但是，托尼对他们说，他的事他们别管。

“嗨，罗布，到底怎么回事？”有一天在去体操课的路上，托尼冲自己的前朋友罗布叫道，“今天晚上又要参加杰克的派对？”但是，罗布只是稍稍回了回头，回答道：“是啊——不要对我说你也要去。”

但是，托尼知道，他得参加这个派对，尽管没人邀请他。托尼觉得自己得去冒这个险。在电影中，总是在傻瓜做出惊天动地的举动时，比如突然成为社交活动的中心人物，那些受欢迎的人们才意识到，原来傻瓜并不傻。托尼想，他得出现在晚上的派对上，做出点酷得不能再酷的行为，从而成为学校里最受欢迎的人物。

不过，托尼非常紧张。托尼一次又一次想放弃自己的计划，但是，当天晚上，他最终还是出现在了杰克的派对上。托尼是跟着一帮认识的同学进到屋子里的。不过，一进到屋里，他就后悔了。他只是双手交叉着放在胸前，一个人站在一个角落里。

托尼看见罗布与一群男孩子站在一起，并冲他点了点头。罗布朝他竖起大拇指，之后就转过身去，面向他的朋友们。“真会装！”罗布说，紧接着，所有人都哈哈大笑起来。

罗布朝他竖起大拇指，之后就转过身去，面向他的朋友们。“真会装！”罗布说，紧接着，所有人都哈哈大笑起来。

托尼不得不逃离派对现场。他跌跌撞撞地向大门走去。当走下正门台阶准备回家时，身后传来了更大的嘲笑声。

问题与思考

- 你认识像托尼一样试图融入群体的人吗？你是如何对待他的？
- 你认为罗布及其朋友为什么要嘲笑托尼？
- 如果托尼不逃离派对现场，他还能做些什么？

School

罗宾博士点评

想让自己成为受欢迎的人，这再正常不过了。朋友对你非常重要，他们的意见也举足轻重。你想变得更加独立，你寻求家庭之外的人接纳你。你通常爱跟与你有相同兴趣的男孩子在一起。同时，你希望自己归属于合适的群体。

觉得自己像个局外人，让人感觉很受伤。你可能因此开始做那些过去你认为自己不会去做的事情。在大多数情况下，融入群体的愿望会影响男孩子外显出来的生活领域，比如，他的衣着，他听的音乐，他的说话方式。这些或许不是什么大事。但是，如果你表现得像托尼一样，任由自己的学习成绩直线下降，不理睬自己曾经的朋友，那就非常严重了。这样做会产生一些非常严重的后果，其结果也很可能不是你想要的。正如托尼的故事告诉我们的，孩子们对他们眼中的“假装者”态度非常粗暴。如果你把自己假装成某种人，而你实际上又不是那样的人，人们就会喜欢你假装的那种人。当你忠于自己时，人们会喜欢真实的你。

应对小贴士

1. 让自己真正受欢迎的关键是做真实的自己。人们能识破那些伪装或拼命表现的人。

2. 多参加一些校外团体，在那里，你可能会结识一些与你有着共同兴趣的新朋友。

3. 基于共同的兴趣——视频游戏、音乐，国际象棋或你喜欢的其他东西，形成自己的圈子。信不信由你，许多所谓受欢迎的孩子会悄悄地喜欢加入你的圈子。

最后的告诫

男孩子希望融入群体是很正常的。但是记住：你不应该为了让自己更受欢迎而改变自己。如果你喜欢努力学习，取得好的成绩，或者穿其他人都不穿的衣服，或者听别人觉得怪怪的音乐，只管去做好了。不要仅仅为了融入群体而改变自己。那些人是不会成为你真正的朋友的。和你拥有共同兴趣的男孩子有许多，从长远看，他们才是对你来说重要的朋友。

BOY

Chapter 2

第二章　谁也做不了全能王

人人都知道超优生是些什么样的孩子。他们从事许多体育运动，放学后参加戏剧表演、辩论等各种活动，还有时间用来学习，并取得好成绩。像超优生一样的男孩子让完成上述任务看起来轻轻松松。对于有些孩子来说，做到这些可能是很轻松的。但是，对于许多男孩子来说，要平衡这么多事情，非常不易。

有些男孩子加入许多群体，因为他们觉得这样可以让他们更受欢迎。或者，他们想取悦别人，这个人可能是他们的某个老师，也可能是他们的父母。有些男孩子有着广泛的兴趣，要不就是没有想好自己想做些什么，所以，只好事事都要去做。

但是，同时做这么多事情，使你难以专注于一两件对你来说最重要的事情之上。你可能因此感到焦虑不安，并导致睡眠不足，或难以集中注意力。赫德森参加了太多的活动，最后，他面临着一系列问题。

赫德森的故事

铃响了，终于到下午三点了。赫德森将自己的课本塞进书包，急急地跑下门厅。

“嗨，赫德森，等一等！”克雷格大叫道。

“对不起，克雷格，现在我不能等你，”赫德森回答道，说话的同时并没有放慢脚步。赫德森必须早点赶到学生自治会会议，这样他可能挤出几分钟时间，开始做他的数学家庭作业。门罗先生上周就布置了这些数学作业，好让学生有“足够的时间”来完成。但是，直到现在，赫德森还一直没有找到时间，他还一道题都没有做。赫德森一直是个好学生，数学学得尤其不错，但是最近他就是没有时间。橄榄球训练把他一周中的大部分下午给占了，星期一开年刊会议，星期二有钢琴独奏（记得自己的演出让赫德森感到很不好意思。他得想个法子，让他母亲知道他想中止钢琴演出）。现在，也就是今天，

但是，同时做这么多事情，使你难以专注于一两件对你来说最重要的事情之上。

星期三，他要参加学生自治会会议。

赫德森加快了步伐。突然，他感到被人推了一下，随后听到有什么东西在地板上发出叮叮当当的声音。

“嗨，当心！”有人说道。

赫德森低头往下看。“噢，对不起，梅根！”赫德森说。赫德森弯下腰去，想帮朋友把掉在地上的东西捡起来。

“没关系。”梅根回以灿烂的笑容。像班上的大部分孩子一样，梅根非常喜欢赫德森。为什么不呢？赫德森英俊，聪明，擅长运动，性格沉稳。事实上，正是梅根建议赫德森去参选学生自治会。而且他以绝对的优势，击败了其他参选者。

“再见，梅根。”赫德森告别梅根，急匆匆地向学生自治会会议召开地跑去。今天的议题是新建喷泉式饮水器。喷泉式饮水器是他当初参选学生自治会时承诺的，他要给当初支持他的同学们一个交代。

问题与思考

- 你认为赫德森为什么想参加那么多活动？
- 你认为赫德森为什么要上钢琴课？
- 你参加的活动相互冲突过吗？你是怎么处理的？

九月，赫德森返回学校，做好了让自己紧张起来的准备。暑假之后，他决定改变一下生活的节奏。不过，到了十

月，几乎每天放学后他都有活动要参加，学校的功课也越来越难。科学展示活动要开始了，而赫德森竟然还没有想好自己的主题。

一想到有那么多事要做，就让赫德森的心跳加速。有的夜晚，当他试图入睡时，脑子却转得飞快。他发愁如何把所有这些事都做完，于是，他再次从床上爬起来做家庭作业，或为某门课备考，但是，因为过于疲惫，他根本集中不了注意力。第二天早上，他感到疲惫不堪。有时候，他害怕去参加年刊会议或学生自治会会议。

星期三晚上，赫德森熬到很晚才完成了几何家庭作业。但是，星期四一早，当他走进历史课堂的时候，他大大地吃了一惊。

“好的，各位，请大家马上就座。”赫德森走进教室的时候，贾弗里夫人正在大声讲话。

考试！赫德森把这事忘得一干二净。考试时有一半问题的答案他是猜的，还有一半根本就没有作答。

赫德森记得，那天晚些时候要进行英语测验，内容是有关图书《如何杀死一只知更鸟》的。之前，他粗略地浏览了全书，不过，之前看过的内容，他现在似乎一点儿也不记得了。

当天下午进行橄榄球训练。通常，赫德森是球场上跑得最快的防守队员之一。不过那天，他在场上总拖着步子。

“跑起来，赫德森！”教练特拉维斯大声叫道。

“别管我！”赫德森屏住呼吸低声咕哝道。

“你有什么话要说吗？”特拉维斯教练问道。

“没有，教练。”赫德森一边说，一边赶上其他人。那一天已经够倒霉的了，他不需要再做20个俯卧撑才结束这一天。

问题与思考

- 为什么赫德森难以记住事情？
- 你有过因为日程安排太满而憎恨眼下正在从事的事情的时候吗？你是如何处理这种情况的？
- 赫德森还能以何种不同的方式处理橄榄球训练的事情？

“赫德森……宝贝！”

赫德森睁开眼睛，妈妈正坐在自己床边。阳光透过百叶窗，直接照进卧室。赫德森从床上一跃而起。那时已是8：30了。

“我要迟到了，你为什么让我睡这么久？”赫德森冲妈妈嚷道。

“今天你不用上学，”赫德森的妈妈说，“你太累了。看到你的遭遇，我感到心力交瘁。今天咱俩过一天精神健康的日子。”

那天，赫德森和妈妈出去骑自行车兜风。他们在露台上吃三明治。下午，他们一起读书。赫德森试图再读一遍《如何杀死一只知更鸟》。几个星期以来，他第一次这么放松，而且真正沉浸到书里去了。书中有那么多内容他以前没有注意到，这太让他吃惊了。

那天晚上，赫德森和父母进行了一次谈话。

“你既聪明又负责任，我们为你感到骄傲。”赫德森的父亲说，“但是，可笑的是，贾弗里夫人说你历史课学得很吃力，橄榄球教练特拉维斯告诉我，你从橄榄球运动中似乎没有得到多少快乐。”

“你得砍掉一些活动。”赫德森的妈妈说。

“可是我怎么可以呢？”赫德森说，“每个人……包括你们俩，都指望着我。”

赫德森睁开眼睛，妈妈正坐在自己床边。阳光透过百叶窗，直接照进卧室。赫德森从床上一跃而起。那时已是8：30了。

赫德森的妈妈微微笑了一下。“我知道你讨厌钢琴，”她说，“如果你放弃钢琴，把练琴的时间用来休息，我觉得这没什么不可以的。”

赫德森以微笑回应妈妈，看起来，就像是卸去了一副压在他肩上的沉重担子。

那天晚上，赫德森把他要做的所有事情列了张表：上学，玩橄榄球，弹钢琴，年刊，学生自治会。随后他把自己想做却没有时间做的事情加上去：和朋友待在一起玩，阅读，学习打鼓。之后，他对这些事情进行编号，1代表最重要的事（显然是上学），8代表最不重要的事（弹钢琴）。赫德森同意只专注于最重要的三件事情：上学、玩橄榄球和学习打鼓，这样也为他留出了和朋友待在一起玩的足够时间。

要做到这样并不容易。不过，第二天赫德森还是告诉其他几个组的同学他要放弃学生自治会和年刊的工作。事实上，他们对他的理解，比他预想的要多得多。

赫德森以微笑回应妈妈，看起来，就像是卸去了一副压在他肩上的沉重担子。

"我永远也搞不明白以前你是怎么同时应对这么多事情的。"梅根说，"看到你和我们一样了，我感到很高兴。"

问题与思考

- 赫德森是如何艰难地平衡自己与他人的愿望的？你是在按照自己的本性行事吗？
- 你父母强迫过你参加你不想参加的活动吗？后来的结果怎么样？
- 你有过被迫从两项活动中选择一项参加的经历吗？你是如何做决策的？

School

罗宾博士点评

想想男孩子为什么要参加那么多的活动。他或许想取悦自己的父母和老师，或许他的朋友对他施加了压力。为了让其他人高兴，男孩子最后可能感到焦虑不安。赫德森就是一个典型的例子，他需要发现自己真正的兴趣之所在，而后专注于自己的兴趣。

但是，如果你参加这么多活动，是因为所有这些活动听起来都蛮不错，那又该怎么办呢？如果你属于这种情况，你可以一段时间只参加一项活动。专注于你有能力应对的活动。不要报名参加像学生自治会这样为期一年的长期活动，比如，你可以自愿参加某个小项目（为期一周的社区清洁工作等）。待这个任务结束后，再考虑接下来做点别的什么。

不要参与过多活动，关键是要坦诚地面对自己。你的觉很多吗？你喜欢有很长的停止工作期吗？你父母是怎么想的？当心不要把自己的精力分散到过多的活动上，那样的话，你哪件事情都无法全力投入。

还有，不要忘了，最重要的事情是上学和你的健康。这两件事情排在第一位，其他的都要给它们让路。

应对小贴士

1．在决定参加某项活动前，先要确保你能坚持参加。这项活动每周要占用你多少时间？该活动持续多长时间？你还有其他什么活动需要参加？

2．一定要按照重要性来对你参加的活动进行排序。不要让某项活动左右你的时间，或使你无法参加你更加喜欢的活动。

3．如果你开始感到难以承受，请告诉你的父母或其他成年人，向他们寻求帮助。

4．尽量不要让课外活动变得比你的功课更重要。

最后的告诫

这有点奇怪，是吗？有的时候你做的越多，收获反而越少。要想成功，你可能需要更加专注。有的时候，就像赫德森一样，放弃参加某些活动是最好的选择。这是慎重决定参加什么活动非常重要的首要理由。一段时间只专注于一件事情，这是天生的高成就者成功的奥秘。

BOY

Chapter 3

第三章　爱迪生也有诵读困难症

高期望，身体发育，女孩子，融入群体……有许多理由，让这个年纪的你日子变得艰难。不过，对于有学习障碍的孩子来说，日子就更加艰难。

许多聪明的男孩子都有学习障碍问题。虽然聪明，但是因为某种原因（通常和脑化学有关），他们在某些领域存在学习困难的问题。在美国，大约1/5的孩子存在学习障碍。

你可能听说过诵读困难症，这是一种学习障碍，通常影响孩子学习阅读和拼写的能力。诵读困难症可能让男孩子产生极其糟糕的自我感觉。不过，许多受诵读困难症困扰的男孩子都非常聪明，在他们感兴趣的领域里，甚至就像天才一

样。这些人中有大发明家托马斯·爱迪生、大演员汤姆·克鲁斯、篮球传奇巨星魔术师约翰逊。

艾克患有诵读困难症，这让他的学习和生活有时变得并不容易，好在他找到了应对挑战的办法。

艾克的故事

离放暑假还有三个星期的时间——艾克真有点等不及了。不错，所有的男孩子都喜欢学年即将结束的那段日子，不过，对于艾克来说，他喜欢有别的原因，他只是再也不能容忍上学了。

许多聪明的男孩子都有学习障碍问题。虽然聪明，但是因为某种原因（通常和脑化学有关），他们在某些领域存在学习困难的问题。

艾克上小学的时候，情况还没有现在这么糟糕。艾克喜欢数学。他还喜欢美术，尤其擅长体操。因为他患有诵读困难症，所以阅读时需要额外的帮助，不过，他还能勉强应付，他的老师们都为他感到骄傲。但是，现在似乎什么都与阅读有关。每天的家庭作业都要求他们阅读几页材料。艾克下午六点左右打开书，到了晚上八点半，才读完不到一半的内容。

“关注你的点滴进步。”艾克的阅读老师艾萨克森先生这样建议道，“你在不断进步，艾克。”

或许是吧。但是，进步得还不够快，更比不上其他孩子。艾克的诵读困难症还使他面临其他方面的问题。昨天在门厅里艾克听见德里克·莫里尔叫他“傻瓜”——至少还有另外两个孩子因为他诵读困难取笑过他。

艾克巴不得暑期早一点到来。在他眼里，“夏天”意味着“独自一人”。

问题与思考

- 你或你认识的人有诵读困难或其他学习障碍吗？你或你认识的那个人是如何应对的？
- 你取笑过有学习障碍的同学吗？如果是，你后来对此作何感想？
- 有时候，每个人就想自己一个人待着，不受其他人打扰。当你产生这样的想法时，是基于什么样的原因？你是如何解决的？

除了最好的朋友丹外，艾克不想见任何人。虽然丹就住在艾克家隔壁，却就读于另外一所学校。丹真正了解艾克是一个什么样的人——而不是他的学习成绩如何，这或许是丹能够轻易地认识到艾克实际上是一个非常聪明的孩子的原因。

“在美术方面，你就像一个天才。”有一次在艾克向丹展示了自己利用院子里一根残落的树枝做成的雕塑后，丹这样对艾克说。丹也长于美术，尤其擅长黑白设计。

有一天艾克放学回家后，丹急急忙忙跑到艾克家里来见他。

“看看这个是什么！”丹说。丹手里拿着一份东西，是位于市中心的艺术学院的美术夏令营宣传册。“我要去。”丹说，“我妈妈还说，她要和你的爸爸妈妈说说这件事。”

艾克粗粗看了一遍宣传册，其中一张照片上，一群小孩子坐在画架前，屋子前面站着一位教师。“我不知道要不要去，丹！”艾克说。画面上的情形跟学校太相似了。要是有的老师怪怪的，让学生轮流大声朗读关于某个画家的介绍，那该怎么办呢？要是结果证明他在美术方面的修养没有自己想象的那么好，那可怎么办呢？那样的话，不仅他的阅读不行，美术也要跟着不好了。

问题与思考

- 你遇到过阻碍你尝试新事物的问题吗？
- 你和你的朋友们一起进行什么样的活动？你是否试图帮助过某个朋友发掘他（她）的才能？

画面上的情形跟学校太相似了。要是有的老师怪怪的，让学生轮流大声朗读关于某个画家的介绍，那该怎么办呢？

艾克的父母鼓励他参加美术夏令营，艾克还是感到很紧张，但是，他们终于说服他去了。来到夏令营第一天，艾克马上就意识到自己做了一个正确的决定。他们的指导老师非常棒，其他孩子也很友好。所有人都佩服艾克的作品，他的诵读困难症对其他人都无关紧要。艾克还学到了一些新的技法，比如油画、混合绘画法等。

艾克的父母还给他请了一位家庭教师，指导他每天练习一个小时的阅读。艾克想读什么就读什么。艾克发现了一份著名画家巴勃罗·毕加索的自传。在阅读中，艾克发现了一个事实：就像他一样，毕加索可能患有诵读困难症，这让他感到异常兴奋。

暑期快要结束的时候，基于艾克在阅读和美术方面非常努力，艾克的妈妈对他进行了奖励——艾克的妈妈对艾克说，他可以把自己的卧室漆成他想要的任何颜色。艾克妈妈甚至帮助购买艾克为实施他头脑中的规划所需要的各种材料。那段时间，艾克每天的生活，除了阅读，就是往卧室的墙上刷油漆。

艾克的妈妈还会见了艾萨克森先生，讨论如何调整艾克的个人教育计划。“我不希望你像去年那样做家庭作业时那么吃力。”艾克的妈妈向艾克解释道。艾克的老师们需要提出帮助艾克的新策略，对此，艾萨克森先生表示赞同。

秋季开学的时候，艾克虽然谈不上激动，但是至少他不害怕上学了。

“艾克，我发现你在暑期里进步很大。”当和艾克见面对艾克进行阅读辅导时，艾萨克森这样说道。艾克笑了，是发自内心的笑。

问题与思考

- 秋季开学后，等待艾克的将是什么？你认为艾克能以更好的状态应对家庭作业吗？为什么？
- 就像艾克擅长美术一样，在功课之外，你有自己特别擅长的事情吗？你是怎么抽出时间发展自己的专长的？这专长对你的学业有帮助吗？

School

罗宾博士点评

许多人不明白诵读困难症和其他学习障碍是怎么一回事。首先，某个男孩子仅仅存在诵读困难症或学习障碍，并不意味着他智商有问题。不过，诵读困难症不会随着年岁的增长而改变。患有诵读困难症的孩子可以在阅读方面取得很大的进步。不过，他们必须找到替代性学习方法，这样才能终生成功应对这一学习障碍。他们应对起来可能仍然很吃力，但是，这些替代性学习方法可以使他们成为自己想要成为的人变得容易些。

艾克比其他一些男孩子更幸运一些。在他刚刚开始学习阅读时，有专业人员确认他患有诵读困难症。诵读困难症的确认并不容易（如果阅读问题可能源自其他因素时就更是如此），因为许多老师没有接受过如何辨认诵读困难症的专门培训。所以，和其他孩子不同，艾克不是一个人在战斗，他的父母及老师都知道如何给他提供帮助。

不幸的是，诵读困难症确实会伤害男孩子的自尊心，在一些不了解这种病症的人们以“傻瓜”、“懒汉”等刻薄之语来称呼他们的时候就更是如此。男孩子战胜低水平自尊的最好办法之一，就是发现自己的专长，并努力发展自己的专长，就像艾克对待自己的美术专长一样。艾克的问题还没有解决，但是，他已经能够应对了。

应对小贴士

1．如果你正受到诵读困难症的困扰，记住：不止你一个人有这种毛病。许多成功人士，比如好莱坞著名的黑人女星乌比·戈德堡，甚至约翰·格里森姆、约翰·欧文等大作家也患有诵读困难症。

2．确保参与那些你真正喜欢并且擅长的活动，这会让你拥有自信，这种自信还会扩展到你生活的其他领域。

3．如果你学业上比较吃力，请和你的父母谈谈。他们可以找到相关机构或干预办法帮助你。

最后的告诫

信不信由你，得了诵读困难症并非全是坏事。科学研究显示，导致男孩子诵读困难症的生物学因素，也会使男孩子更加具有创造性，这或许是许多患有诵读困难症的人后来成为卓越的艺术家、企业家和科学家的原因。不过如果你不喜欢自己，你就难以成就任何事情。在我看来，这才是诵读困难症患者面临的最大问题。所以，如果你患有诵读困难症，请下工夫阅读，发现自己的专长，永远不要泄气。

Chapter 4

第四章　走自己喜欢的路

在一个竞争日益激烈的世界里，许多人认为，什么时候开始思考自己的职业问题都不会太早。人们这么想，很大程度上与大学的高昂学费有关。多次变换自己的专业会使你在大学就读的时间延长，而且还会多花许多冤枉钱。

你甚至可以参加能力测试，看看什么领域可能最适合自己。一些家长以测试的结果来指导他们的孩子选择职业。这些家长相信，他们做的是正确的事，是为了自己的孩子。但是，能力测试只是提供了一些指导而已，测试结果不能成为你职业选择的唯一依据。还有，你这个年纪的孩子，在决定自己未来从事什么职业之前，还有许多东西要去经历。朱安

的父母试图迫使儿子走一条特别的职业道路，以下是朱安的故事。

朱安的故事

朱安小时候一直想像爸爸一样，成为一名律师。不过，有一天朱安觉得自己更愿意成为一名消防员。之后朱安看了一部有关太空旅行的影片，又想成为一名宇航员。当然，那时候他还只是一个8岁的孩子。在朱安一天天长大的过程中，他不断想象着自己可能从事的各种职业。朱安喜欢自己的未来充满着如此多的令人激动的可能性。

你这个年纪的孩子，在决定自己未来从事什么职业之前，还有许多东西要去经历。

到了上中学的时候，朱安的老师和父母意识到他特别擅长数学。他理解数学背后的概念，能够以极快的速度解决大部分问题。在学校的测试和标准化考试时，他的得分总是最高，或是与最高分相差无几。

但是，朱安同时还有许多别的爱好。朱安喜欢历史和写作，虽然他的数学成绩非常不错，但数学并不是他最喜欢的科目之一。朱安还喜欢踢足球。他的球技不是最棒，这并不重要。球队队员都是他最好的朋友，他乐于成为球队的一员。

问题与思考

- 你认为朱安为什么有那么多爱好？
- 既然朱安的数学那么好，你认为为什么数学还不是他最喜欢的科目？
- 你最喜欢的科目是你学得最好的科目吗？

朱安的父母总是鼓励朱安为人生的下一阶段做好准备。当朱安还很小的时候，他们教他阅读，以为上幼儿园做好准备。当朱安小学毕业以后，他们让他参加暑期课程，好为上中学做些额外的预备工作。现在朱安读初中，他们带他去一家职业咨询机构，想让朱安提前知道自己在高中阶段应该学习哪些课程，好为未来做好准备。咨询师会对他进行能力测试，以帮助他了解自己未来作为成人最擅长做什么样的工作。

“好吧，朱安！”咨询师说，“测试结果显示，你能力最强的是数学，有许多不错的职业都能让你的数学才能派上用场，工程师，物理学家，建筑师，计算机程序员。真的，你选择什么职业都没有问题。”

咨询师给了朱安一沓小册子，并建议他在初中阶段修微积分、物理学等科目。所有这些信息搞得朱安不知所措。这些科目听起来似乎很难学，他担心自己应对不了这些挑战。

问题与思考

- 你做过职业或能力测试吗？测试结果跟你想象的自己的长处相符吗？
- 你知道自己长大后想从事什么职业吗？如果答案是肯定的，你怎么知道那职业适合你？

那天晚上吃完晚饭后，朱安和他的父母坐下来讨论下午的职业测试结果。

“朱安，你的数学学得那么好，我认为你应该专注于数学，为你的大学和未来职业赢得领先优势。”朱安的爸爸说。

“亲爱的，大学花费可多了！”朱安的妈妈补充道，“我们不喜欢看到你在那里为了学业而苦苦挣扎，或许还要花更多时间才能毕业。现在多做些预备工作可以使你在大学里如鱼得水。”

“我们让你星期六上课外班，为的是让你在上高中前尽早学习微积分。”朱安的爸爸解释道。

“但是，我星期六要比赛。”朱安说，“我不知道自己舍不舍得牺牲那么多玩的时间。”

朱安的爸爸只是稍稍耸了耸肩。“你得离开足球队，因为你周末不能踢球了。”

朱安看着父母的脸。他看得出，父母是爱他的，而且他们真的相信，那些课外班对他再好不过。朱安同意放弃体育，把主要精力放到数学和科学上。朱安还想，反正我永远也成不了一名职业足球运动员，这样做对我的未来会更好。

问题与思考

- 为什么朱安的父母认为朱安应该把主要精力放到数学和科学上？
- 你怎么看朱安的父母要求朱安放弃足球的决定？如果你是朱安，你会怎么做？

朱安开始上课外班。刚开始的时候，他学到了许多新知识。不久，朱安开始学习三角学——大多数学生直到高中一年级或二年级的时候才学习三角学。不过，几个星期后，朱安的进步开始慢下来了。

每天的生活都是一样的——上这个数学班，上那个科学班，甚至周末也不能休息，因为课外班和家庭作业占去了他所有的自由时间。

没过多久，朱安开始害怕上学。上学的时候，他开始随便乱涂乱画，做白日梦，朱安以前可从来没有这样干过。朱安想念踢球的日子，根本不去想自己能重新回到球场上踢球。

从学校回到家后，朱安开始径直进到自己的房间。朱安觉得自己得没完没了地学习。如果他把自己关在屋子里，即使他两眼呆呆地望着天空，他的父母也不知道。

> 没过多久，朱安开始害怕上学。上学的时候，他开始随便乱涂乱画，做白日梦，朱安以前可从来没有这样干过。

在下一章的考试中，朱安只得了个C，他知道，本季度末他的

分数会有麻烦。朱安很生自己的气——他知道，自己可以考得更好一些。但是，他就是难以集中精力学习，因为那些课外班已经把他累垮了。要是我能够再次踢会儿足球该有多好，朱安想，我只是需要点时间休息。

朱安知道，如果他把这么糟糕的成绩单带回家给父母看，一定会有很大的麻烦。朱安横下一条心，决定和父母谈谈不再上周六数学课的事。有一天吃晚饭前，朱安和父母坐在一起，将一切和盘托出。

“我想让你们为我而骄傲。”朱安解释道，“但是，上完那么多课后，我需要休息。我想踢足球，我想念我的朋友们。”

看到父母同情地点了点头，朱安感到非常惊诧。

“朱安，没问题。我们是想让你取得领先优势，”朱安的妈妈解释说，“但是，我们也不想让你最终讨厌数学。如果你努力恢复原来的学习成绩，你可以不上那些课外班，还可以再去踢足球。”

朱安感到诧异——也很感谢他们。朱安原来想，他要有大麻烦了。但是，事实好像完全相反，他的父母似乎非常理解他。

问题与思考

- 你认为朱安的成绩为什么开始下滑？他的情绪为什么会有如此大的变化？
- 你有过被迫参加你不喜欢的课外班的经历吗？你是如何处理当时的情况的？
- 你有过害怕把某件事情告诉自己的父母，因为你认为如果你告诉了会让他们失望的经历吗？

罗宾博士点评

在当今，要找到合适的工作，压力确实够大的。做家长的都希望孩子做好充分的准备。为获得领先优势，一些家长认为，他们的孩子需要尽早开始聚焦某个职业。

有的十几岁的孩子对自己想从事什么样的职业有着明确的主意，对于他们来说，把主要精力放在某些课程之上，是不成问题的。但是，还有许多孩子不知道自己长大以后要做什么，他们仍在试图发现真实的自我。即使成年人也会时不时地质疑自己的职业选择。许多人在某个职业领域工作多年，为的只是日后从事与之完全不同的工作。

你可能觉得，最好在你年少的时候就知道自己未来想做什么。但是，选择职业道路是非常复杂的，所以不能匆忙做决定。在选择职业道路前，给自己足够的时间，尽可能全面地了解自己可能从事的各种职业。向职业咨询师请教或许会有帮助，但是，咨询师并不能决定最适合你的职业是什么。

在为未来做准备的过程中，不要把自己的日程安排得过满。有时候，你也需要休息。

应对小贴士

1. 如果人们试图引导你选择某个你不感兴趣的职业，请平静地告诉他们你的真实想法。向他们展示你真正的专长是什么，或者径直告诉他们你还没有想好。

2. 在思考自己的未来时，要考虑多种可能的选择。如果你最初的选择行不通，有备份计划总是好的。

3. 多问问题。多多了解一个职业，对你为之做准备有好处，也能帮助你判断自己是否真的对它感兴趣。

最后的告诫

总有人试图给你提供职业建议——你的家人、朋友、老师、咨询师。他们只是想帮助你，但是，最终得你自己选择适合你的职业。如果有人硬是要你进入某个你不感兴趣的领域，不要害怕把自己的想法表达出来。工作是每周五天都要做的事情，所以，你一定要竭尽全力，确保你从事的是自己满意的工作。

Chapter 5
第五章　面对考试不用愁

没有多少学生喜欢参加标准化考试。标准化考试用以测量在全州乃至全国范围内你某些科目成绩的好坏。有些学生必须通过标准化考试才能升入高一年级。在这样的压力之下，哪个学生能不感到紧张呢？不过，对于有些男孩子来说，面对考试的焦虑情绪似乎过大，他们根本无法应对。事实上，考试的压力有时候会给孩子造成巨大的伤害。

你可以为应对考试提前数周进行准备，并确信自己掌握了所有的内容。但是，有些男孩子却会受到考试焦虑的困扰。随着考试日期临近，紧张情绪会让他们的脑子里一片空白。与此同时，其身体也会发生一些变化——比如，心跳加速，

头晕，肚子不舒服，呕吐。如果这些症状出现在你身上，你只想逃离教室，远离考试。

特雷尔是个好学生，但是，他一直以来害怕参加标准化考试，他能应对自己的考试焦虑吗？

特雷尔的故事

不过，对于有些男孩子来说，面对考试的焦虑情绪似乎过大，他们根本无法应对。事实上，考试的压力有时候会给孩子造成巨大的伤害。

“米切尔，珍尼，安娜，特雷尔……”格斯特夫人把历史报告发下来了。特雷尔看了一下自己的报告——96分。特雷尔感到很高兴。特雷尔学哪门课都非常刻苦，大多数科目的成绩都是A，还有一些是B。每次考试要写报告时，

他都有出色的表现，而且常规考试的成绩都还不错。但是，如果是标准化考试，那就是另外一回事了。

“考得不错，孩子们！”格斯特夫人继续说道，“我想，下个月的时候你们都会准备好迎接全州统一进行的历史课考试。记住：你们必须通过，否则，就没法升入高一年级。”

特雷尔的额头上沁出了一滴汗珠。只要一想到将要进行全州统一考试，他就双手发抖，心跳加速。重要的标准化考试的高赌注和高压力，每次都让特雷尔异常紧张。特雷尔把历史报告塞进书包里，现在，历史考试得A的感觉似乎也不那么美妙了。特雷尔想，要是大考不及格，平时的好成绩又有什么意义呢？

特雷尔知道，如果大考失败，他就得在夏天的时候再参加一次考试，并获得通过，否则，他就得复读八年级。特雷尔对此感到很害怕，特别是因为他的朋友们并不知道他对标准化考试感到很吃力。

课后，他的朋友奥尔登问他是否想一起学习，这样，或许可以使他们复习备考变得容易些。“不了，就这样，”特雷尔说，“我还是一个人复习吧，谢谢你的邀请。”

问题与思考

- 你认为特雷尔为什么不想与奥尔登一起学习？
- 你害怕参加标准化考试吗？如果害怕，那你如何克服自己的恐惧情绪？
- 和学校里的常规考试相比，参加标准化考试会让你感到更大压力吗？

大考之前的两个星期开始，奥尔登和他的其他朋友每天放学后都会聚到一起，复习考试可能涉及的内容。他们询问老师考试可能涉及什么样的话题，老师告诉他们说，考试内容涵盖数学、科学、阅读理解和历史，他们于是每天复习一门科目的内容。

与此同时，特雷尔放学后在看电视或玩视频游戏。考试让特雷尔太紧张了，以至于他根本不想去想考试的事。考试前一个星期，特雷尔才开始复习。他之前一直在努力忘掉还有考试这回事，以至于现在他都不知道主要复习哪些方面的

内容。特雷尔每天看几分钟数学方面的问题，之后看几分钟科学，时间比数学稍长一点，然后是阅读和历史，每天对每个话题都是蜻蜓点水、浅尝辄止。

问题与思考

- 奥尔登和特雷尔两个人备战大考的办法，哪个更好？你学习时更像奥尔登，还是更像特雷尔？
- 你认为特雷尔为什么要延迟备考？

考试前一天，特雷尔已经开始感到紧张，差一点就吐了。在和奥尔登一同回家的路上，他问奥尔登对即将到来的考试感觉如何。

“我感觉超好，”奥尔登面带微笑回答道，“我们一直在复习，我想我们已经准备好了。今天晚上我还要看点东西，然后就早早上床睡觉。”

奥尔登表现得如此冷静，让特雷尔感到非常诧异。奥尔登怎么就准备好了呢？特雷尔认为自己还远没有准备好，他决定今晚得待在自己的屋子里，把复习过的所有内容再过一遍。

到家后，特雷尔直接上楼进了自己的房间。妈妈在外面敲门，让他下来吃晚饭。“我不能吃饭，妈妈，”特雷尔门也不开，隔着门在屋里叫道，“我得学习。”特雷尔没有说他太紧张了，根本吃不进去饭。

特雷尔一连学了好几个小时，快速翻看了一遍自己的所有笔记，把每本课本也匆匆翻了一遍。当特雷尔爬上床的时候，已经过了午夜了。特雷尔上了床，但不是为了睡觉——他翻来覆去地琢磨考试中可能会出错的地方。他怎么也睡不着。

拿到试卷时，特雷尔的脑子里已是一片空白。特雷尔学过的所有东西，甚至包括昨天晚上学习过的内容，都忘得一干二净。

早上七点钟，闹铃开始滴滴作响，特雷尔的身子抖了一下，醒了——特雷尔夜里一直在做梦，梦见自己只穿着内衣

出现在了考场上，后来，考试失败了，因为他没有准备2号铅笔。

特雷尔感觉糟透了。他实在是困得要命，头也很疼。到达学校时，他开始感到不舒服，额头上开始出现汗珠。拿到试卷时，特雷尔的脑子里已是一片空白。特雷尔学过的所有东西，甚至包括昨天晚上学习过的内容，都忘得一干二净。特雷尔瞟了一眼坐在远处的奥尔登，人家正轻轻松松地答题呢。

特雷尔越来越恐慌。笨蛋！特雷尔想，这个你为什么不知道？特雷尔只会回答几道问题，不过，当他看表的时候，发现交卷的时间快要到了。他匆匆答完了剩下的问题，不过，许多答案都是瞎猜的。考试结束了，特雷尔知道自己没有考好。

几个星期后，特雷尔拿到了自己的考试成绩：没有及格！现在他只得在夏天的时候重考一次。更糟糕的是，他不得不把整个考试的过程再走一遍。

问题与思考

- 参加标准化考试之前你紧张吗？紧张情绪影响过你在考试中的表现吗？
- 你对特雷尔为下次标准化考试备考有何建议？

School

罗宾博士点评

参加标准化考试，让人大伤脑筋，感到紧张是很正常的。不过，一些男孩子会受到考试焦虑症的困扰。一旦你有了考试焦虑症的症状，它们就会越来越严重，甚至影响你备考。特雷尔是个好学生，但是，他不知道如何控制自己的焦虑情绪。如果你觉得自己过于焦虑，难以在考试中发挥出正常水平，请向他人寻求帮助。得了考试焦虑症，并不是什么丢人的事，你的父母、老师或辅导员会指导你克服面对考试的恐惧情绪。

研究表明，大约20%到30%的学生会受到考试焦虑症的影响，其症状各有不同。轻者只是微微感觉有些害怕，重者会感到极度恐惧。考试焦虑症无关学生的能力，而只与考试前后的情境有关。但是，焦虑会影响他们考试时的临场发挥。

特雷尔甚至在还没考试前，就对考试结果感到担忧。他害怕自己通不过考试，而不是自信能够获得成功。不要让恐惧左右你的情绪。如果有道题你不知道答案，待会儿回头做就是了。准备充分，相信自己能够成功，常常有助于你在考场上超水平发挥。

应对小贴士

1. 如果你得了考试焦虑症，请将你的情况告诉某个成年人。不要将你的情况闷在心里，否则可能会越来越严重。

2. 进行模拟考试训练，这会让你更加熟悉考试的题型，增强你的自信心。

3. 给自己充足的时间复习要考试的内容。临时抱佛脚不是好的学习方法。

4. 学习放松自己的技巧，比如，做深呼吸，或想象自己取得了成功。

5. 考试只是测量你成绩好坏的一种方法，它们预测不了你未来是否会成功。好好学习，关注自己的点滴进步。

最后的告诫

受到考试焦虑症的困扰，是一件让人沮丧的事情。你知道你掌握了所有的内容——你只是在考试的高压之下无法记起这些内容。是的，考试可能是个大赌注——但是，不要让标准化考试在还没有开考前就把你击垮。充分准备是你最好的应对武器。

BOY

Chapter 6

第六章　条理差也会影响学习

对于你这个年纪的孩子来说，生活意味着许多变化。除了迎合他人的高期望外，还有许多新的事情需要你去面对。现在的你，有六七门课要在不同的班上，而不仅仅只是美术和音乐课才这样。你得按时到达指定的教室，可能还要检查一下放东西的柜子，以确保自己把该带的东西都带上了。这个阶段，每个老师的教学方式都会有些不一样。你要在各不相同的时间里完成各种家庭作业。或许是有生以来第一次，你无法不做准备就做好这些事情。你必须得有点条理。

但是，怎样才能做到有条理呢？和大多数事情一样，要让自己在家中和学校里有条理，你得学习。肯尼付出了很大

的代价，才明白了有条理是多么的重要。

肯尼的故事

“你房间里又脏又乱，永远也找不到你想要的东西。”肯尼的妈妈说。肯尼觉得，他妈妈走进他屋子的时候，总会这么说。

肯尼环顾了一眼自己的房间。“我被许多东西包围了，”肯尼对妈妈解释说。地板上扔满了衣服，衣服上面是各种各样的纸张，纸张上面是一大堆电线，电线是他打算和爸爸一起做电子产品时用的……肯尼注意到，他的iPod从一只运动鞋里露出了一角。

“我找它找了很久了！”肯尼一边说，一边用手抓起了他的音乐播放器。

或许是有生以来第一次，你无法不做准备就做好这些事情。你必须得有条理。

“如果你能把房间搞得整洁一点，你能找到你需要的好多东西。”肯尼的妈妈说，“更不用说早上可以节省多少时间了。”

确实是这样。几乎每天早上，肯尼都要把房间的各个角落翻个遍，寻找他需要的某件东西——一只鞋，他的手机，数学家庭作业。通常他最后都能找到需要的东西。不过，有几次他差点儿没赶上公共汽车。

在学校，肯尼的柜子和家里的房间一样乱，甚至其他的孩子也会因此笑话他。有时候，肯尼一开柜门，柜子里的书和纸就会像雪崩一样涌出来落到地上。不止一次，上课的时间已经到了，肯尼还在找东西。

问题与思考

- 你父母经常叫你清理你的房间吗？你认为他们为什么要让你清理房间？
- 你有过因为寻找随意乱放的东西而上学迟到的经历吗？
- 你学校的柜子里是个什么状况？你总是努力让柜子里的东西井井有条吗？

肯尼的老师认为肯尼有点懒，不怎么努力，可事实不是这样的，肯尼只是不知道凡事井井有条有多重要。肯尼过去一直都是这样，而且也都应付过去了。再者，整理东西是件很烦人的事情。

放学后，肯尼就想戴上耳机回家。有一天，肯尼边听音乐，边急急忙忙把东西往书包里塞。肯尼已经走出了学校，却没有注意到有几样东西忘了带回家。

那天晚上，肯尼怎么也找不到自己的笔记，那上面有第二天几何课要做的题目，于是只好打电话问他的朋友迈克。随后，肯尼又找不到《罗密欧与朱丽叶》的书了，那是当天晚上要阅读的内容。肯尼的爸爸只好从地下室里翻出自己的那本旧《罗密欧与朱丽叶》。到他爸爸找到那本旧书时，差不多晚上9：30了。肯尼试图赶着读完第二幕，但他实在是太累了，几乎弄不明白故事讲的是什么。

“肯尼，”肯尼的爸爸说，“事情快要失去控制了，你得负责任点。”但随后他爸爸还是帮了他，就像以前一样。“我们一起阅读这幕戏吧，我会告诉你剧情的进展。”肯尼的爸爸说。于是肯尼把书递了过去。

问题与思考

- 为什么肯尼的爸爸要帮助他阅读《罗密欧与朱丽叶》？如果遇到这种情况，你的父母会怎么做？
- 你认为整理东西是一件烦人的事情吗？

“肯尼，”肯尼的爸爸说，“事情快要失去控制了，你得负责任点。”但随后他爸爸还是帮了他，就像以前一样。

二月的时候，肯尼必须开始准备科学报告。在他的科学课总成绩中，科学报告要占25分。肯尼的主题是有关杀虫剂和海藻的。完成这个报告，需要做些研究，写作量很大，还要有大量的图示、表格和照片。

报告上交前一个月，老师给肯尼布置了这项任务。但是，当肯尼走到自己的柜子跟前时，麦肯兹正在那里等着他。“我有件超好的事情要告诉你。”麦肯兹说。肯尼把报告写作注意事项扔进自己的柜子里，之后就把写报告的事抛到九霄云外去了。离报告上交还有一个星期的时候，肯尼才在柜子底部一只湿手套下面发现了这些注意事项。

“妈妈，你得帮帮我！”那天晚上肯尼在家里对妈妈说。肯尼向妈妈解释了事情的来龙去脉。

妈妈叹了叹气。“好吧，肯尼！”肯尼的妈妈说，“我最后帮你一次。但是，只这一次，真的。”

肯尼开始写作，妈妈同时在网上做些研究，帮助他制作表格和图示。上交的前一个晚上，肯尼坐在自己床上，终于用笔记本完成了报告。肯尼摁下“打印”键，报告从桌上的打印机里出来了。之后，肯尼把打印出来的报告放在地板上。换睡衣时，肯尼把脱下来的衣服也扔在了地板上。

问题与思考

- 你认为肯尼为什么忘了写科学报告的事？
- 你认识像肯尼那样的人吗？你对肯尼有什么样的建议？

第二天早上，肯尼抓起自己的书包，里面有图表、图示和照片，但他就是找不到报告，那是这项课题研究最重要的部分。肯尼记得报告就在屋子的某个地方，于是便在屋子里疯狂地四处翻找。这时，他听到了校车向街上驶来的声音。爸爸妈妈此时已经出门上班去了。如果今天他误了校车，没

有人可以开车送他去学校。肯尼抓起自己的书包夺门而出，总算赶上了校车。

肯尼想，他的报告会很出色。过去一周，他可是下了大工夫的，他真后悔今天没把报告带到学校来。

“我完成了，不过今天早上我怎么也找不着了。我保证明天一定带来。”肯尼向杰克逊先生恳求道。

“我希望明天能看到你的报告，不过，我只能算你没按时完成。很抱歉，肯尼！”

“你是说我得不到这25分？”

“我想恐怕是这样，肯尼！”

如果今天他误了校车，没有人可以开车送他去学校。肯尼抓起自己的书包夺门而出，总算赶上了校车。

问题与思考

- 你认为肯尼应该把报告放在什么地方？你房间里有专门供你放家庭作业的地方吗？
- 即使肯尼说他完成了科学报告，而且第二天可以上交，可杰克逊先生仍然不让肯尼得分，你认为杰克逊先生这样做是为了什么？

School

罗宾博士点评

对于像肯尼这样的男孩子来说，他们不会自然而然地变得富有条理。有条理只是一项需要学习的技能，与智商高低没有多大关系。有条理对于中学生来说尤其重要，因为中学生活比小学生活更加忙碌，也更加辛苦。

对自己进行条理化方面的训练，有助于你提高在学校里的表现。拟订一个让自己更有条理的计划，并确保按计划行事。你越是遵从生活常规，就越容易坚持下去。

让自己有条理并不需要改变你的个性，几个简单的步骤就能收到切实的效果。第一步，认识到充分做好准备的好处，并将其列为最重要的待办事项。每天完成几件小的事情，可以让你把已完成的任务摆放得井井有条，这样，当你需要的时候，可以轻易找到它们。起初这可能有点烦人，但是，一旦什么都各归其位，情形可能就不一样了。这样，当你寻找放在下面的东西时，也省了翻遍每一样东西的麻烦。如果在拟订计划时需要他人帮助，不要害怕向某个成年人提出请求。

应对小贴士

1. 使用家庭作业文件夹。每门课的文件夹及其颜色应该不同。每完成一项作业后，立即将其放入正确的文件夹中。

2. 使用每日日程安排或网络日历，记录你要完成的任务，并且每日都要查看。

3. 在家中选一个地方，固定存放你的书包。每天晚上上床睡觉前，确保把所有的文件夹放进书包里，为第二天上学做好准备。

最后的告诫

如果你是一个条理很差的人，让自己的行为保持沉着冷静，这样才不会遗忘一些重要的东西。下面是一个具体的建议：把工作化整为零，不要等到要做的事情积压太多，需要浪费周六一整天的时间才能恢复条理。如果你的房间里乱得一团糟，你可以先清理衣柜的抽屉，接着收拾你的鞋子，第二天收拾你的计算机。这可能需要几周的时间。其次，和上面同样重要的是，东西边用边收，使之更加井井有条。这样，你就再也不必浪费一整个星期六来整理东西了。

BOY

Chapter 7

第七章　当众演讲并不难

当着全班同学的面讲话总是让人有一些压力的。你以前见识过吧——有人说话时声音发颤，可能还结结巴巴，或语速过快。你或许见过有人讲话时不断摆手或晃动膝盖，你可能也是其中一员。许多男孩子害怕当众讲话。他们害怕自己演砸了或看起来傻傻的。谁愿意在自己的所有朋友面前出洋相呢？

但是，你免不了要做演讲。老师们会安排学生演讲，因为老师们知道，孩子们害怕演讲，他们希望你们战胜恐惧，并学会演讲这种重要的生活技能。那么，你该如何应对当众讲话的压力呢？你如何才能平静地站在众人面前并表现得轻

松自如呢？一定有某个你可以学习的秘诀，是这样吗？这也是泰勒想知道的。

> 那么，你该如何应对当众讲话的压力呢？你如何才能平静地站在一群人面前并表现得很放松呢？

泰勒的故事

“嗨，雷吉，怎么回事呀？”

泰勒追上他的同学雷吉，在他背部很友好地轻拍了一下。

“噢，嗨，泰勒！”雷吉咧着大嘴笑道。站在雷吉周围的男孩子也一起笑个不停。

“什么事情这么好笑？”泰勒问。

“我刚刚跟他们讲，我在我们当地的药店里偶然碰到了莫顿女士……看见我也在那里，她感到很不高兴。”

雷吉扬起一边眉毛。

“她在买什么？”泰勒问道，脸上带着期待的笑容。很快，雷吉讲述的故事，让泰勒和其他人一起哈哈大笑起来。

和雷吉在一起就是这样，他实在是太会逗乐了。雷吉喜欢成为人们关注的焦点——而且他知道如何保持人们对他的关注。更让人不可思议的是，即使在课堂演讲时，他也是这个样子的。雷吉似乎从来没有紧张过！

泰勒与雷吉恰恰相反。哪怕只是想到要当众讲话，都会让泰勒感到口干舌燥。每当不得不进行演讲时，泰勒都担心自己会说错话，甚至可能完全忘了自己要说些什么。这实在是有些奇怪，因为他担心的这些事情还从来没有在自己身上发生过。泰勒也不是人们所说的那种害羞的孩子，可不知道是什么原因，他就是无法克服当众讲话的恐惧。

问题与思考

- 你害怕对着一大群人讲话吗？你是如何克服由此产生的恐惧的？
- 你有像雷吉那样不怵当众讲话的朋友吗？
- 你认为当众讲话是一种重要的技能吗？在你未来的生活中，这种技能能派上什么用场？

周三的英语课上，泰勒要作一个口头读书报告，于是他便没完没了地琢磨这件事情。周一晚上，泰勒不断在心里排练读书报告，直到很晚了才上床睡觉。其实，星期天的时候，他已经进行过排练了。泰勒不断地变换用词，试图找到最完

美的表达方式。

莱克女士说过，当你发表演讲的时候，不应该把每一个字词都写出来，而应该在索引卡上作笔记，提示自己要讲的内容。那样的话，莱克女士说，你才显得比较自然。但是泰勒还是身不由己，他把自己要讲的每一个字都写出来了。

周二晚上，泰勒怎么也睡不着。第二天，当轮到他演讲的时候，他揣着一颗狂蹦乱跳的心走到教室前面来。虽然差不多已经记住了所有的内容，但最后，泰勒还是照着稿子一字一句地读完了整个报告，连头几乎都没有抬一下，声音含含糊糊，语速也极快。

泰勒的读书报告只得了个C，倒也不出他的预料。当周晚些时候，莱克女士布置学期末要进行演讲。泰勒不知道自己该怎么做，才能避免再次得C的命运。

- 泰勒给自己加压，决心做一个漂亮的口头报告，这种做法是增加了他成功的可能，还是降低了他成功的可能？
- 泰勒时常在心里排练自己的口头报告，这种练习方法好吗？你认为什么样的方法更好一些？

泰勒意识到，自己有一个朋友——雷吉，可以帮到他。“当你作口头报告的时候，你是那么镇定。”泰勒对雷吉说，“你是怎么做到的？我对历史课报告感到恐惧。”泰勒摇了摇头，“你能帮我战胜恐惧吗？”

“当然。”雷吉说，“首先你要记住，你没有必要完美。人们并不指望你完美，你只是必须知道自己大概要说些什么。”

“我演砸过好多回了。”雷吉接着说，“说傻话，忘了自己接下来要说什么。这没什么大不了的，我总是拿自己的失误开玩笑，这让我放松下来，还引得人们大笑。”雷吉停了一会儿，“你知道吗，当我拿自己的失误开玩笑时，我认为那实际上会让我的演讲更加精彩。每个人都认识到，我和他们是一样的。”

雷吉解释说，演讲的时候，他并不看着全场所有人，而只盯着三个人——坐在第一排的一个人，教室中间的一个人，教室后面的一个人。“这样，我感觉自己只是在和三个人讲话。”雷吉说，“你一直在和三个人讲话……没什么大不了的，对吗？”

雷吉还说，泰勒练习演讲的时候，应该大声一些。“这有助于你对要讲的内容感觉舒服。”雷吉说，“这样，你就会逐渐习惯大声表达自己。”

问题与思考

- 你认为雷吉的建议怎么样？
- 你演讲时用到过雷吉的这些建议吗？

在准备自己的口头报告时，泰勒将雷吉的建议铭记于心。轮到他当着全班同学演讲的时候到了，他快步走到教室前面，心里感到自信多了。

报告的第一部分非常顺利，泰勒用索引卡提示自己要讲些什么，没有逐字逐句念上面的内容。但是随后，在把第三张索引卡翻过来放到一边后，泰勒意识到第四张卡片丢了。

“我……我……”泰勒结结巴巴地说道。泰勒不再冷静，开始恐慌起来。

这时，泰勒记起雷吉曾说过演砸了没什么关系——他得想办法让报告继续。“对不起大家，我的第四张索引卡好像不翼而飞了，它一定不喜欢我的报告。”

教室里的几个孩子咯咯地笑了，泰勒的老师也微微笑了一下：“你能继续下去吗，泰勒？”老师问。

“噢，当然，我想我可以的。”泰勒回答。泰勒讲了记忆中第四张索引卡上的大致内容，之后安全地回到了第五张索引卡上。报告的剩余部分非常顺利，他甚至还讲了几个笑话，收获了更多的笑声。莱克女士对他的表现似乎非常满意。泰勒知道，以后他再也不必害怕当众讲话了。

“我……我……”泰勒结结巴巴地说道。泰勒不再冷静，开始恐慌起来。

问题与思考

- 你认为雷吉为什么告诉泰勒在作口头报告的时候，出了岔子可以拿岔子开玩笑？
- 当你发表演讲或作口头报告时，你会听从雷吉的建议只盯着几个人看吗？你还使用其他办法让你的演讲更精彩吗？
- 为什么大声练习演讲能收到好的效果？

School

罗宾博士点评

许多人害怕当众讲话，最常见的原因是：他们害怕自己在众人面前看起来傻傻的。但是记住：你的听众希望看到你成功。想想当你坐在观众席中的时候，你不为演讲者加油助威吗？

如果你讲话时感到紧张，可以做几个深呼吸，这可以降低你心跳的速率，帮助你感觉更加放松。当你放松时，你的思维更加清晰，讲话的语速可能也会放慢。雷吉的做法是对的。克服害怕当众讲话的最好办法之一，是对自己说“那又怎么样”。如果你出了错，那又怎么样？ 当着朋友的面出了错，你该怎么办？你可以微微一笑，之后纠正自己的错误。听众也都是人。你可以当着他们的面微笑并纠正自己的错误。这是当众讲话者屡试不爽的真实规则——即使总统也遵从这一规则。

和对其他事物的恐惧一样，你越直面害怕当众讲话的恐惧，恐惧的能量在你面前就越弱，这或许是老师要求你们演讲的主要原因。老师是在让你们练习一项对你终生都有用处的重要技能。

应对小贴士

1. 不要害怕对笔记的依赖。如果你在某个地方卡住了，笔记可以帮你恢复记忆。但是，不要像读书似的逐字逐句念，这样你还能与听众进行眼神交流，并且看起来也显得自然一些。

2. 练习演讲时要大声。练习时可以选择以你的父母、朋友、小妹妹和狗狗为听众——你甚至可以在镜子前练习。

3. 深呼吸，对着听众微笑，注意站直身体，语速不要太快。

4. 寻找练习当众讲话的机会，比如，参加学生自治会会议或辩论会。

最后的告诫

你想知道成为优秀的演讲者的简单方法吗？不要把自己当成一个演讲者！在我们演讲的时候，我们认为我们必须像总统一样优秀，我们认为我们的演讲必须完美，不能忘记任何想说的东西。不要试图让自己像别人，相反，努力做真实的自己。如果你与别人聊天的时候喜欢幽默，在你演讲时，也照此办理。你的听众希望听到你在讲话，而不是总统在讲话。

BOY

Chapter 8

第八章　没有人是天生的领导者

每个学生都得参与团队项目。从小学到大学，每个年级的老师都会布置一些团队项目。事实上，许多成年人也不得不参与团队项目，多少与他们的工作有关。能够在团队中卓有成效地工作，是一种非常重要的技能，你可能一生都离不开它。

老师布置团队项目，出于多种原因。有的时候是为了让任务更加有趣。有的时候，老师想看看同学们合作得怎么样，当学生在教室里不经常进行合作的时候尤其如此。

不过，团队任务有时也可能令人沮丧。团队成员可能相处得不够融洽，或者团队的某个成员可能完成不了其承担的

那部分工作。

下面让我们看看雷被安排参与一项团队项目时，他都有过什么样的遭遇。

团队任务有时也可能令人沮丧。团队成员可能相处得不够融洽，或团队的某个成员可能完成不了其承担的那部分工作。

雷的故事

总体来说，雷喜欢参与团队工作。团队工作常常比正常的功课更具创造性。雷喜欢设计项目海报，制作项目视频。每当他们选择自己参与的团队时，雷总是和自己的朋友们在一起。他们相信彼此都能完成自己承担的那部分工作。他们一直都非常开心，得分通常也很高。

唯一有问题的是历史课。斯蒂芬斯先生从不让学生自己选择参与哪个团队。雷一直还是挺幸运的——这一年头两次团队项目中，斯蒂芬斯先生都安排雷和自己的朋友们在一起。但是这一次，当斯蒂芬斯组建有关内战的团队时，雷颇有些不满。团队成员米盖尔、扎克还不错，但是迪安呢？迪安太喜欢偷懒耍滑，雷在心里想，我可不想因为笨蛋迪安而得低分。

问题与思考

- 为什么雷通常喜欢参与团队项目？
- 当老师安排每个团队项目的成员时，雷为什么感到生气？
- 你有过不得不和你不喜欢的人一起完成团队项目的经历吗？你当时是如何处理的？

当团队碰头商量成员的分工时，雷主导了整个过程。

“好吧，我们得就葛底斯堡战役做一次演讲。米盖尔，你负责武器和战斗部分。扎克，你研究参战的将军。”

米盖尔和扎克高举胳膊击掌以示赞同。“好吧！”米盖尔大声叫道，“军事方面的东西很有吸引力。”

“我来做最难的部分。”雷继续说，“我来讨论这场战役对接下来的战争产生了什么影响。迪安，你负责《葛底斯堡演说》——这部分最容易。”

迪安看起来有些不满，不过，他什么也没说。

“好了，就这样。”雷最后说，“让我们各自准备各自的部分，三天后集中，而后，我们就可以在下个周末开始写演讲稿、准备道具。”

三天后小组再次集中时，雷、米盖尔、扎克都完成了各

自的研究工作，而迪安来时，带来的差不多是一张白纸，他所做的不过是在上面胡乱地涂上自己的名字，并草草地记下了自己的几点想法。

“对不起，伙计们！”迪安说,话语中听不出一点儿抱歉的意思，“我想，我可能把这事给忘了。不过，没有我，你们也一样能把一切都搞定。”

问题与思考

- 为什么雷这么担心迪安在他所在的团队里？
- 在有的团队中，某个人给其他人分配任务。你参加过这样的团队吗？你当时做出了怎样的反应？

雷气不打一处来。如果迪安认为自己可以甩手不干……雷想。不过，雷控制着不让自己的脾气发作。雷咬紧牙关，回答道："没关系，迪安，我们会帮助你赶上来的。"

雷确定了未来几日团队成员的工作任务。当下一次他们再次集中的时候，迪安还是没有完成他承担的工作。

这一次，雷对完成迪安的工作感到腻烦得很。"你遇到了什么问题，迪安？要是我们得了低分，全怪你。"

"哪个该死的选你当头儿？"迪安讥讽道，"如果什么事情都要按你说的办，那你一个人做好了。"

迪安幸灾乐祸地笑着走开了。雷被气得不行，可他又能戏弄谁呢？迪安可以甩手不干，因为他知道，雷是不会让他们这个小组得低分的。

问题与思考

- 在项目开始之初，当迪安没有完成他承担的工作时，雷应该与他谈谈吗？为什么？
- 迪安没有完成自己承担的工作，他给出的理由是什么？
- 当团队成员第一次集中的时候，雷应该以与现在不同的方式完成哪些工作？
- 如果你是雷，你会做迪安承担的工作吗？这个时候，雷还可以有什么别的办法？

罗宾博士点评

不得不接受团队中有一个偷懒耍滑的孩子，这是所有好孩子最可怕的噩梦。你和其他成员在努力完成各自承担的工作，而偷懒耍滑者却什么也不做，你该如何解决这样的问题呢？

首先，你得正视这个人的存在，并确认他是否真的遇到了什么问题。以尊重的态度向他询问，而不要对他进行指责。或许他家里遇到了什么困难，或者他同时在其他团队项目里承担了任务。如果他没有完成自己承担的任务有充足的理由，请对他予以谅解，并努力提出公平的解决方案。比如，免除他承担的一部分任务，将之分摊给其他组员。但是要明确：他必须完成余下的任务量。

不过，有些时候，有人就是不想完成他承担的工作任务，或者口头答应了，但并不真的执行，这问题就很严重了。如果你一个人解决不了问题，明智的做法可能是让老师介入，特别是在项目团队成员都会得到相同的成绩之时。

应对小贴士

1．给别人机会。对某个团队成员抱有低期望值，通常于事无补。如果你以及其他团队成员为他树立了正面榜样，他可能会向你们学习，并改进自己的努力。

2．确保每一个团队成员对于项目分工都有发言权，努力提升团队合作水平。

3．如果你发现某个人没有完成他所承担的任务，不要对问题视而不见，那样，只会使情况变得更糟。当你与他交谈时，态度要坚定，但不要生气，和他一起调整分配给他的任务。

最后的告诫

同团队中的偷懒耍滑者打交道，有时也有一些好办法：帮助他体会到决策参与感，确保他能完成承担的任务，如果他光说不练，将情况告诉老师。不过，有时候你不得不接受这一糟糕的现实，并尽力承担一些额外的任务。这不公平，不过，就像你无数次听过的一样，生活并不总是公平的。有时候，你就得做好苦干的准备，把那些本该别人完成的活儿干完。

Chapter 9

第九章 活在当下

“要找到好工作，你必须上大学。”大人们总是这样说，对于许多男孩子来说，事实也的确如此。不过，事情并没有这么简单。读四年制大学，花费挺大的。即使你高中毕业时成绩在全班名列前茅，也不能保证你付得起想上的大学的费用。

这一事实让许多男孩子感到焦虑，即使他们年龄不够大，还不能从事“真正”的工作，他们也能感受到开始挣钱、为上大学储蓄的压力。用不了多久，他们的下午和周末时间就会被修剪草坪和送报等工作占据。这样，皮特再也没有作为一个男孩子该有的那些自由时间了。皮特很是为自己的未来担忧，根本没有意识到自己生活在现在。

即使你高中毕业时成绩在全班名列前茅，也不能保证你付得起想上的大学的费用。

皮特的故事

“皮特，我们很为你自豪。”

皮特翻了翻白眼。皮特的父母总是这么说，这让他感到很难堪，不过他仍然得微微地笑一笑。这话从他们嘴里说出来，意义重大。皮特的父母都是第二代移民——他们的父母都是20世纪60年代移民到美国来的。皮特的父亲至今仍在经营着他爸爸1971年开的尼克熟食店。

对皮特而言，几乎所有的童年记忆都发生在尼克熟食店。他第一颗牙是在那里掉的；他在店内一张退了色的黄颜色桌子上学习阅读；他的父母总是在那里工作，所以，那里也是皮特成长的地方。

“我们从来没有上过大学，皮特。”有一次皮特的妈妈对他说，“但是，如果我们攒够了钱，你或许就可以读大学了。”而且，最重要的是，皮特想荣耀地成为家族中取得大学学位的第一人。

虽然离大学报名申请还有好几年时间，皮特现在满脑子想的却是自己如何支付上大学的费用。

问题与思考

- 为什么上大学对皮特如此重要？
- 皮特为大学的费用担忧是不是太早了？请说出你的理由。
- 想上大学但又付不起学费，你会怎么办？

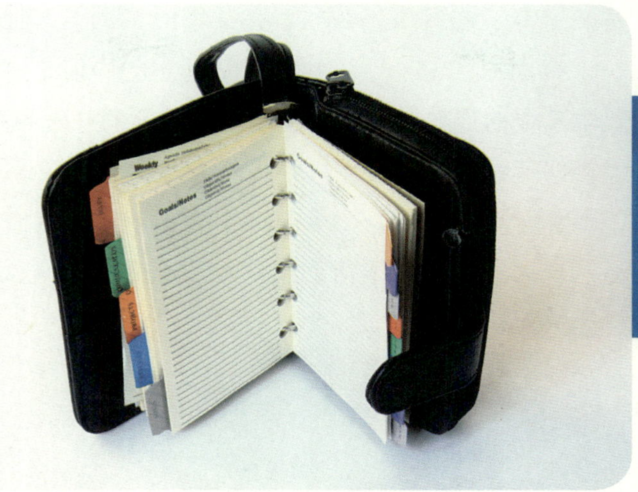

“你为什么不在社区附近干活挣钱？或许你可以帮别人修剪草坪。”皮特的妈妈说话的时候，两手撑在扫帚上。在还没有达到可以合法工作的年龄前，如果有人让他去熟食店工作，她总是回应说：“没门！”

“皮特皮氏草坪与花园服务社。”皮特慢悠悠地说道。皮特喜欢这个名字。一回到家，皮特就开始为自己的生意设计广告传单。接下来一周，皮特四处敲门，造访各位邻居，给他们递上自己的广告，很快就有一些邻居乐意付费请他修剪草坪、拔蒲公英。

因为日程安排太满，皮特不得不上街买了一本大人用的日历。皮特每天放学后都有约，周末的时候要一直干到天黑。有时候，皮特不得不尽快完成这家的活儿，好准时赶往下一个主顾家，这让他感到很是紧张，好在他的进项也源源不断。

皮特知道有了钱后该怎么办。在父母的帮助下，他把钱存进了一个特别的大学基金。他和大学基金的协议是这样的：存进大学基金的钱越多，时间越早，累积的利息就越高。而且，就像皮特理解的一样，利息就是白给的钱。

每当皮特周日不想早早起床，或想到要拖着疲惫的身躯去另一户人家院子里干活就感到无法忍受的时候，他都会想起自己的大学基金。

问题与思考

- 你认为皮特这么早就开始挣钱储蓄，是正确的吗？
- 皮特几乎每天都要工作，可能会产生什么后果？

皮特的电话根本就没停过。

“好的，好的。”皮特说。皮特关掉割草机，掏出自己的手机。

是马尔科姆发来的短信：“星期六一起去海边吗？”

好哥们儿马尔科姆！皮特的大部分朋友都不再邀请他参加活动——星期五晚上的派对，球类运动，或下午去购物中心购物。皮特假装不在乎。在他不得不工作的时候，朋友们却在尽情欢乐。不必听闻这方面的信息，倒是变得更容易了。不过，当接到邀请短信的时候，皮特还是会会心一笑。

“对不起，伙计！”皮特给马尔科姆回了条短信。

一秒钟后，皮特的电话再次响起，马尔科姆给他回了条短信。“不要再这么玩命了，你在错失生活。”

皮特猛拉割草机的拉绳，伴随着轰隆隆的声音，机器发动起来了。你说得倒轻巧！皮特边推着除草机在厚厚的草坪上来回穿梭边琢磨道，滴滴汗珠顺着他的脸往下流淌。

马尔科姆这孩子被宠坏了！皮特边用袖子擦嘴边想。马尔科姆的父亲是城里一家公司的总裁。事实上，皮特的朋友们都不能理解他的处境。他们要么有钱，要么不像他那样对上大学那么在意。如果他们不理解皮特，他也没什么办法。

问题与思考

- 皮特的朋友不再邀请他参加活动，是不是有点刻薄？
- 皮特为什么觉得他的朋友不能理解他的处境？

星期天，皮特病了——呕吐、发烧。

“我准备打电话给邻居替你取消预约。”皮特的妈妈说。皮特妈妈的做法是正确的，今天皮特没法再修剪草坪了。

皮特讨厌生病有一个原因，那就是他又要一个人待着了。他父母都在店里，他的小妹妹和往常一样跟朋友外出了，他只能没完没了地收看电视体育比赛，直看到开始头疼。皮特两眼望着天花板，不舒服的想法开始袭上心头。皮特想到了马尔科姆的短信："你在错失生活。"这短信为什么让他感到这么恼火呢？

皮特想起来了，此刻他的朋友们正在海滩玩耍。皮特想象他们在玩排球，狂饮冰苏打水，享受日光浴。他似乎听见了海鸥的声音，闻到了海水的味道。

皮特觉得自己的心脏正受到什么东西的挤压，双眼火辣辣的。他伸出一只拳头打在自己的床上。"我讨厌我的生活。"他自言自语道。皮特决定立即改变自己的生活——如果他知道如何迈出第一步的话。

皮特想到了马尔科姆的短信："你在错失生活。"这短信为什么让他感到这么恼火呢？

问题与思考

- 你对皮特有什么建议？
- 你有过觉得自己必须达到父母没有用语言表达出来的期望的时候吗？
- 你是否像皮特那样曾经陷于某种处境而无法自拔？

罗宾博士点评

为未来进行规划是一件明智的事情，但是，它不能成为你唯一的事情。皮特干了那么多活，因此开始失去朋友，错失生活中的快乐。他努力工作，好为上大学存钱，虽然这是一个有价值的目标，但是，他不能把所有的时间都花在这一件事上。

你可能会说，皮特不得不把那么多时间花在工作上面，所以开始怨恨生活。皮特承受着来自父母的压力，虽然他们从来没有让他为上大学而存钱。工作仅仅是实现目标的手段。如果工作只是为了挣钱，那就很容易开始讨厌工作。

你甚至可能开始怨恨这样的事实：你必须努力工作，才能实现自己的目标。当你审视自己错失的东西时，上大学的想法可能变得不像曾经想的那样有吸引力。你可能会问自己："这样做真的值得吗？"这就是为什么寻求为未来进行规划、为了实现目标而努力工作以及活在当下三者之间的平衡非常重要的原因。拥有健康的社交生活，对于你的未来成功也是非常重要的。

应对小贴士

1. 在决定为挣上大学的费用而工作前，先了解一下学校为像你这种情况的孩子提供奖学金和助学金的情况。上了大学后，按最高额度申请奖学金和助学金，帮助你支付上大学的费用。

2. 日程安排要确保为自己留出一些自由时间，利用这些时间去和朋友们待在一起，或做些好玩的事情。

最后的告诫

“万事切忌过分！”据说，这句名言最早是古希腊思想家梭伦说的。在此案例中，皮特的动机是完全正确的。皮特所做的每一件事都是他应该做的——他只是有点失去了控制。每个人在生活中都会有过火的地方。对你来说，可能是看电视太多，吃得太饱，甚至锻炼过度。我想象不出有什么事走了极端对你还有好处——你想象得出来吗？幸运的是，皮特注意到了失控时的那种糟糕感受。他关注自己的内心感觉，并且承认自己错了，他会平安无事的。

回顾与总结

玩转校园，犹如将方形木钉穿过圆形孔洞，看起来似乎是不可能的。许多不同的事情同时向你袭来，很容易让你感到不知所措。你得应对社交问题，比如，穿什么衣服，表现出什么样的行为举止，为什么过去常常与你交谈的人不再与你交谈了。同时，你还必须克服害怕参加很难对付的标准化考试或在全班同学面前讲话等新的恐惧情绪。

你要记住的是，不止你一个人才这样，学校里的每一个学生，都与你面临着同样的问题，不管他们承认不承认。“受欢迎的孩子”担心自己不再受欢迎，成绩好的孩子为将来上大学的费用而担忧。

解决这些问题，并不能轻易地找到答案。事实上，有的问题，你可能根本找不到解决办法，那也没关系。这时，你可以向他人寻求帮助。你的家长、老师、朋友，会非常乐意为你提供支持和帮助。不要过度卷入每日发生在你身边的戏剧性事件，以至于忘了自己还有一个支持系统。而

且不管你怎么想，你现在面临的问题，随着时间的流逝，可能让你感到不再那么有压力。抽出时间让自己放松放松，享受当下的生活!

别担心!

克里斯

传递爱和智慧

记住：健康的生活讲求平衡。现在你已经知道该如何走好生活之路，请将之告诉你的某个朋友，并运用到自己的生活中去。记住书中所有的“应对小贴士”，之后实践这些应对之策，让自己变得健康，不断取得进步。

- 在应对教育和未来的职业问题时，记住要始终把握好生活中的平衡。
- 为了让自己成为受欢迎的人而试图改变真实的自己，会让你事与愿违。变化是好事，但不要忘了真实的你是什么样子的。
- 弄清楚哪些课外活动更重要一些。这样，在你开始感到难以承受之时，你才知道砍掉哪些活动你不会在意。
- 如果你患有诵读困难症或有其他学习障碍，记住：并非你一个人才这样。随着时间的推移，在他人的帮助下，有效的应对策略会帮助你战胜这些挑战。
- 如果有人试图将你引向你不想从事的职业，大声地说出你的想法！只有你真正知道自己可能对什么感兴趣，对什么不感兴趣。

- 当你在考试前或考试过程中开始感到紧张时，想办法让自己放松。你可以做做深呼吸，清除头脑中的负面想法。如果你相信自己能够做好，你通常会获得成功。

- 努力让自己变得富有条理。遵循生活常规会使你完成家庭作业和生活变得更加容易。

- 当为某个报告或演讲做准备时，多多练习，并且要大声。这样，当你不得不当着众人作报告或演讲的时候，就不会感到那么紧张。

- 当你参与团队项目时，不要一开始就指使他人做这做那。由团队共同决策谁该做什么，这样，每个人都会同意分工方案。

- 为了存钱想开始工作是好的。但是，不要让你的存钱目标成为心病。所以，在做日程安排时要确保生活中有一些快乐的事情。

Meet Dr. Robyn

Dr. Robyn Silverman truly enjoys spending time with young people. In fact, it's what she does best! As a child and teen development specialist, Dr. Robyn has devoted her career to helping guys just like you become all they can be—and possibly more than they ever imagined. Throughout this series, you'll read her expert advice on friends, girls, classmates, school, family, and everything in between.

A self-esteem and body image expert, Dr. Robyn takes a positive approach to life. She knows how tough it is to be a kid in today's world, and she's prepared with encouragement and guidance to help you become your very best and realize your goals.

Dr. Robyn helps young people share their wildest dreams and biggest problems. Her compassion, openness, and honesty make her trusted by many adolescents, and she considers it a gift to be able to interact with the young people whom she sees as the leaders of tomorrow. She created the Powerful Words Character Development system, a program taught all over the world in martial arts and other sports programs, to help guys just like you become examples to others in their communities.

As a speaker, success coach, and award-winning author, Dr. Robyn's powerful messages have reached thousands of people. Her expert advice has been featured in *Prevention* magazine, *Parent-*

ing magazine, *U.S. News and World Report*, and the *Washington Post*. She was an expert for *The Tyra Show*, *Fox News*, and NBC's *LXtv*. She has an online presence, too. You can follow her on Twitter, become a fan on Facebook, and read her blog on her Web site, www.DrRobynSilverman.com. When she isn't working, Dr. Robyn enjoys spending time with her family in New Jersey.

Dr. Robyn believes that young people are assets to be developed, not problems to be fixed. As she puts it, "Guys are so much more than the way the media paints them. They have so many things to offer. I'm ready to highlight how guys get it right and tips for the ways they can make their teen years the best years so far ...I'd be grateful if you'd come along for the ride."

Take It from Me

Remember what elementary school was like? You worried about stuff like losing a tooth or who would hang out with you during recess. Now that you're older, problems are more complicated. The good news is that you also have better skills to tackle them. Maybe you want to get good grades, but you're worried it's not cool to do well in school. Maybe you're stressed from all the different activities you want to do. Maybe you deal with a learning disability or feel pressure to choose a career path. School can come with an assortment of anxieties and fears.

I went through a lot of that stuff when I was your age. I wanted to seem cool and act like school was no big deal, but I really cared about being a good student. I didn't have to deal with a learning disability, but I had a friend who did and saw how much he struggled at times. I remember the first time I had to speak for several minutes in front of a class. I was so nervous I could barely stand up.

You probably already know how to face a lot of difficult situations. Sometimes you'll be able to get through them pretty easily. Other times you're going to fall down at first, only to get up and try again. Still other times, you might fail completely or need extra help. That's okay. Learning how to get through challenges will help you grow as a person.

That's all fine to hear, but does knowing that

help you when you're in the middle of a tough situation? Not really. It's frustrating when people say, "Oh, don't worry. It's not the end of the world." I get that. Sometimes you need to learn about other guys' situations and what they've done. I hope the stories in this book will help.

Don't stress!

Chris

Chapter 1

The Poser

Even if you took away homework, school would still be a challenge. School cliques and groups—including your own—can be stressful. Maybe your school has a lot of groups. But there are probably two main ones—the cool kids and the not-cool kids.

The pressure to be cool and popular is intense, especially for guys. Even guys with a lot of friends may think they don't have enough of the "right" friends. Some guys will do whatever they can to be cool, from acting or dressing differently to playing the right sport. To make things worse, guys are not supposed to care about being cool. For guys, trying to be cool is uncool.

Some guys have no problem not being popular. They don't worry about what others think or say about them. But other guys will try anything to be popular. Tony is a guy like that.

Tony's Story

Tony and Rob had been friends since second grade. They used to be best friends, but since middle school started they hadn't been hanging out that much. It was like they didn't have as much in common as they used to. For one thing, Tony was into school. He studied hard and usually got all As. He was also into chess. Rob, on the other hand, was happy with Bs and Cs, or at least he pretended to be. And Rob was really good at soccer.

"Seriously," Rob said to Tony one day after school. "You're becoming a total nerd. You're bad for my image, man." Rob pretended he was joking, but Tony knew he really wasn't. The last three times Tony had invited Rob to hang out, Rob had been too busy.

"Sorry, dude," Rob had said when Tony had invited him over to play Wii, "I'm going somewhere with Isaac this afternoon." The next time Rob had been busy with Rashid, then Michelle, Lisa, and Jake, who everyone knew was the best football player in the school.

Tony only had two other friends—Mark and Jasper from chess club. Why was it so easy for Rob to make friends? Tony wondered. He decided that Rob had everything that mattered—good looks, good clothes, and athletic ability. Some people made fun of Tony because he got good grades, but no one ever teased Rob for failing to do well in class.

Think About It

- What happened between you and your elementary school friends when you entered middle school? Did those friendships change?
- Do you feel pressure to fit into a group?
- Are grades important at your school? Is being athletic or having cool clothes more important?
- Do people at your school make fun of kids who make good grades? If so, why do you think that happens?

Tony had never felt like an outsider before. When he was younger, he'd been happy with the friends he had. He liked making his parents proud with his good grades. But something was different now. It bugged him that he wasn't invited to parties like Rob. He wanted to hang out with Rob again—and Rob's popular friends, too.

Tony thought about what he had to do. He

was actually pretty athletic, but he just wasn't very interested in sports. The only real difference between Rob and Tony was their grades. Tony decided he needed to change that.

Think About It

- **Why do you think Tony started to worry about not being cool once he got to middle school? Did you, or someone you know, ever feel like Tony?**
- **Have you ever felt like you needed to be cooler? What did you do about it?**

On purpose, Tony stopped doing some homework. When he got a bad grade on a test, he put the paper right out on his desk, hoping Rob would see. "Mr. Carlson's high if he thinks I care," he said loudly after class. But Rob and his friends didn't seem to notice.

"What's with you, Tony?" Jasper asked him. Tony just shrugged. That afternoon he skipped chess club. Instead he went to the mall and spent all his savings to buy clothes he thought Rob and the cool kids would wear.

Tony's teachers noticed the sudden dip in his grades. They started to wonder if he was having problems at home. Jasper and Mark were worried, too. "Tony, what's going on?" they

asked. But he told them to leave him alone.

"Hey, Rob, what's up?" he called out to his former friend one day on the way to gym. "You goin' to Jake's party tonight?" But Rob barely even turned around to answer him. "Yeah—don't tell me you are."

But Tony knew he had to go to the party even though he wasn't invited. He felt like he had to take a chance. In movies, the cool group always realized the nerd was all right when he made some kind of big gesture, like suddenly becoming the life of the party. Tony thought he would show up, do something insanely cool, and become the most popular guy in school.

Tony was so nervous, though. He thought of bailing on his plan a thousand times. But that night, he showed up at the party anyway. He walked in behind a group of kids he recognized, but once inside, he regretted his move. He just stood in a corner with his arms crossed against his chest.

He saw Rob standing with a group of guys and nodded his head at him. Rob gave him a thumbs-up. Then he turned back to his friends. "What a poser," he said, and they all cracked up.

Tony had to get out of there. He stumbled for the door. He heard more laughter as he ran down the front steps and toward home.

Think About It

- **Have you ever known a person trying to "fit in" like Tony? How did you treat him?**
- **Why do you think Rob and his friends laughed at Tony?**
- **What could Tony have done instead of running out of the party?**

Ask Dr. Robyn

Wanting to be popular is totally normal. Friends are important to you and their opinions matter. You want to become more independent, and you're looking for acceptance outside of your family. You often tend to gravitate toward guys who share your interests. At the same time, you want to belong to the right group.

It can hurt pretty bad to feel like an outsider. You might start doing things you never thought you would. Most of the time, the desire to fit in affects the superficial areas of a guy's life, like what clothes he wears, the music he listens to, or the way he talks. They may be no big deal. It's more serious, though, if you act like Tony, letting your grades slip and turning your back on the friends you already have. Acting like that could produce some pretty serious consequences. And they probably won't get you what you want, either. As Tony's story shows, kids are pretty harsh on guys they think are "posers". When you pretend to be someone you're not, people will like you only for who you are pretending to be. When you are true to yourself, people will like you for who you really are.

Work It Out

1. The key to being truly cool is being yourself. People can see right through someone who is fake or trying too hard.

2. Try getting involved with some groups outside of school. You might make some new friends who share your interests.

3. Form your own group based on common interests—video games, music, chess, or anything you like. Believe it or not, a lot of so-called popular kids would secretly love to join you.

The Last Word from Chris

Wanting to fit in is natural for any guy. But remember, you shouldn't change who you are to try to be cool. If you like working hard to get good grades, if you wear clothes no one else is wearing, or if you listen to music others consider weird, then do that. Don't try to change who you are just to fit in with a certain crowd. Those people aren't going to be your real friends anyway. There are a lot of guys just like you who share your interests. Those are the people who will matter to you most in the long run.

BOY

Chapter 2

The Overachiever

Everyone knows the overachiever. He plays numerous sports. He also does after-school activities, such as theater or debate. And he still has time to do well in class. A guy like that makes it look easy. For some, maybe it is easy. But for a lot of guys, balancing so many things is difficult.

Some guys join a ton of groups because they think it will make them popular. Or they want to please someone, maybe a teacher or their parents. Some guys have many interests or can't decide what they want to do, so they try to do everything.

By doing too many things, it becomes difficult to focus on the one or two things that matter most to you. You may get stressed out, and that can lead to lack of sleep or concentration problems. Hudson got mixed up in too many activities and ended up facing his own set of issues.

Hudson's Story

The bell rang. It was 3:00, finally. Hudson shoved his books into his backpack and raced down the hall.

"Hey, Hudson, wait up!" yelled Craig.

"Sorry, Craig, not now," Hudson called back without slowing down. He had to get to the student council meeting early. That way, maybe he'd have a few minutes to start his math homework. Mr. Monroe had assigned the problems last week to give the students "plenty of time". But Hudson hadn't had a chance to do even one yet. He had always been a good student, especially in math, but lately he just didn't have the time. Football practice took up most afternoons. Monday was yearbook. Tuesday he had a piano recital. (Hudson felt embarrassed remembering his performance. He *had* to figure out a way to let his mom know he wanted to quit.) Now today, Wednesday, was student council.

Hudson picked up his pace. Suddenly he felt a shove and heard things clattering on the floor.

"Hey, watch it!" someone said.

Hudson looked down. "Oh, sorry, Megan," Hudson said. He bent down to help his friend pick up her stuff.

"It's okay." Megan flashed Hudson one of her bright smiles. Like most everybody in their class, Megan really liked Hudson. What wasn't there to like? He was cute, smart, athletic, and totally together. In fact, Megan was the one who suggested he run for student council. And he had beaten the other guy by a landslide.

"See ya, Megan." Hudson ran off to the meeting. Today's topic was new water fountains, and he owed it to the kids who voted for him to be there.

Think About It

- **Why do you think Hudson wanted to be involved in so many activities?**
- **Why do you think Hudson is taking piano lessons?**
- **Have you ever been involved with activities that conflicted with each other? What did you do?**

In September, Hudson had been psyched to get back to school and get busy. After summer vacation, he was ready for a change of pace. By October, though, he had something going on almost

every day after school. And school was getting harder, too. The science fair was coming up, and Hudson hadn't even thought of a good topic for his project.

Just thinking about everything he had to do made Hudson's heart beat faster. At night sometimes, when he was trying to fall asleep, his mind would race. He'd worry about getting everything done, so he'd get out of bed to do homework or study for a test, but he was too tired to concentrate. The next morning, he was wiped out. Sometimes he dreaded going to a yearbook or student council meeting.

Hudson managed to finish his algebra homework by staying up late Wednesday night. But when he walked into history on Thursday morning, he was in for a rude surprise.

"Okay, everyone. Please take your seats right now," Mrs. Jaffrey was calling out when he walked into the room that day.

Test! Hudson had totally forgotten! He guessed at half the questions and left several blank.

He had remembered about the quiz on *To Kill a Mockingbird* in English later in the day.

He'd even skimmed through the book. But he couldn't seem to remember anything he'd read.

That afternoon was football practice. Usually, Hudson was one of the fastest players on defense, but today he was dragging.

"Move it, Hudson!" Coach Travis yelled.

"Leave me alone," Hudson muttered under his breath.

"You have something to say?" Coach asked.

"No, Coach," Hudson said, catching up with the others. It had already been a terrible day. He didn't need to finish it off with 20 extra push-ups.

Think About It

- **Why is Hudson having trouble remembering things?**
- **Have you ever been so overscheduled that you start to resent the things you are doing? When? How did you handle the situation?**
- **How could Hudson have handled football practice differently?**

"Hudson . . . honey?"

Hudson opened his eyes. His mom was sitting on the edge of his bed. Light was streaming through the blinds. Hudson shot up. It was 8:30!

"I'm late! Why did you let me sleep so late?" he yelled at his mother.

"You're not going to school today," Hudson's mom said. "You're exhausted, and I'm exhausted seeing what's happening to you. Both of us are having a mental health day."

That day, Hudson and his mom went for a bike ride. They ate sandwiches on the patio. In the afternoon, they read. Hudson tried *To Kill a Mockingbird* again. For the first time in weeks, he was able to relax and really get into a book. It was amazing how much he'd missed before!

That night, Hudson and his parents had a talk.

"We're proud of you for being such a talented, responsible person," his dad said. "But things are getting ridiculous. Mrs. Jaffrey says you're struggling in history, and Coach Travis tells me that you don't seem to be having as much fun in football."

"You need to cut out some of your activities," Hudson's mom said.

"How can I?" Hudson said. "Everybody's counting on me . . . even you guys."

Hudson's mom smiled a little. "I know you hate piano," she said. "And it's okay with me if you want to take a break from that for a while."

Hudson smiled back. Already it felt like a weight had lifted from his shoulders.

That night, Hudson made a list of all his responsibilities: school, football, piano, yearbook, and student council. Then he added things that he'd like to do but didn't have time for: hanging out with friends, reading, learning to play the drums. Then he numbered his list, with 1 being the most important (school, obviously) and 8 the least (piano). He agreed to focus only on the top three items: school, football, and drums. This left him with plenty of free time for just hanging out with his friends, too.

It wasn't easy, but the next day he told the other group members that he was dropping student council and the yearbook. They actually understood a lot better than he thought they would.

"I could never figure out how you did it all, anyway," Megan said. "I'm glad to see that you're human like the rest of us."

Think About It

- **How does Hudson walk the line between balancing his own wishes against the wishes of others? Does he stay true to himself?**
- **Have your parents ever pressured you to take up an activity you didn't want to do? How did it turn out?**
- **Have you been forced to choose between doing one activity over another? How did you make the decision?**

Ask Dr. Robyn

Think about why a guy might get into too many activities. Perhaps he wants to please his parents and teachers, or his friends are pressuring him. A guy could end up seriously stressed out trying to make other people happy. Hudson is that type of guy. He needed to identify his true interests and then focus on them.

But what if you join things because all the choices sound so good? If you're like that, you could try one thing at a time. Commit to activities that you can handle. Instead of signing up for a yearlong activity like student council, for example, volunteer for a smaller project, such as a week of community clean-up. Then, when it's over, you can think about what you want to do next.

A big part of not getting in too deep is being honest about who you are. Are you the kind of person who needs a lot of sleep? Do you like a lot of downtime? How do your parents feel? Be careful not to spread yourself too thin. In that situation, you can't give anything your all.

And don't forget, the most important things are school and your health. Those come first, no matter what.

Work It Out

1. Before choosing an activity, make sure you can commit to it. How much time does it take each week? How long does it last? What other commitments do you have?

2. Make sure you rank your activities by importance. Don't let one activity dominate your time, or take you away from an activity you enjoy more.

3. If you start to feel overwhelmed, talk to your parents or another adult for guidance.

4. Try not to let extracurricular activities become more important than your schoolwork.

The Last Word from Chris

It's weird, isn't it? Sometimes by doing too much you end up with too little. You might need to focus more to succeed. Sometimes, as it was with Hudson, dropping out is the answer. That's why it's important to be careful about what you take on in the first place. One thing at a time is the secret to success for a natural-born overachiever.

BOY

Chapter 3

Making Progress

Higher expectations, body stuff, girls, fitting in: there are so many reasons this time in your life is tough. But for kids with learning disabilities, it's even harder.

Lots of very smart guys have learning disabilities. But for some reason, usually having to do with their brain chemistry, they have trouble learning in certain areas. In the United States, about one in five kids has a learning disability.

You've probably heard of dyslexia. It's a learning disorder that mostly affects a person's ability to learn to read and spell. It can make a guy feel really bad about himself. But many people who suffer from dyslexia are smart, even geniuses, in their areas of interest. They include inventor Thomas Edison, actor Tom Cruise, and basketball legend Magic Johnson.

Ike has dyslexia. It makes for rough going sometimes, but he finds a way to deal with the challenge.

Ike's Story

Three weeks until summer vacation—Ike could *not* wait. Sure, all guys love the end of the year, but things were different for Ike. He just could not take school anymore.

Things hadn't been so bad in elementary school. Ike enjoyed math. He loved art and was awesome at gym. Because of his dyslexia, he did need extra help with reading, but he got by, and his teachers were proud of him. But now, it seemed like *everything* was about reading. Every day, he had pages of reading for homework. He'd crack open his books around 6:00 p.m.. By 8:30, he'd gotten less than halfway through what he needed to do.

"Focus on your progress," Mr. Isaacson, Ike's reading teacher, advised. "And you *are* making progress, Ike."

Maybe. But not fast enough, and not like the other kids. That was the other thing about Ike's "problem". He'd heard Derrik Morril call him "stupid" in the halls yesterday—and at least

two other kids had laughed about it.

Ike could not wait for summer. In his mind, "summer" meant "alone".

Think About It

- Do you or anyone else you know have dyslexia or another learning disability? How do you or that other person handle it?
- Have you ever made fun of someone who has a learning disability? If so, how did you feel about it afterward?
- Once in a while, everybody feels like they just want to be left alone. When this happens to you, what are the reasons? How do you handle the problem?

Ike wanted to be away from everyone, except for maybe Dan, his best friend. Although Dan lived next door, he went to a different school from Ike. He knew Ike for who he was—not for his achievement in school. Maybe that's why it was so easy for Dan to recognize that Ike was actually very smart.

"You're like a genius in art," Dan had told Ike after Ike showed him a sculpture he'd made from a fallen branch in his yard. Dan was good at art, too. He made amazing black-and-white designs.

When Ike came home from school one day, Dan came running up to him.

"Check this out!" he said. Dan was hold-

ing something in his hand. It was a flyer about a summer art camp downtown at the Art Institute. "I'm going," he said, "and my mom said she'd talk to your parents about it."

Ike leafed through the brochure. One photo showed a bunch of kids sitting at easels with a teacher in the front of the room. "I don't know, Danny," Ike said. The whole thing sounded a lot like school. What if some freaky teacher made them take turns reading aloud about some artist? What if it turned out he wasn't as good as he thought? Then he'd be bad at reading and art.

Think About It

- **Have you ever had a problem that kept you from doing something new?**
- **What common activities do you share with your friends? Have you ever tried to help a friend do more with his or her talent?**

Ike's parents encouraged him to do the summer camp. He was still nervous, but they convinced him to go. On the first day, Ike realized right away that he'd made the right decision. The counselors were awesome, and the other kids were cool, too. Everyone admired his artwork, and his dyslexia didn't matter to anyone. He learned some new tech-

niques, too, like oil painting and mixed media.

Ike's parents also hired a tutor and made him practice reading one hour every day. Ike got to read whatever he wanted. One thing he found was a biography of the famous artist Pablo Picasso. He read that Picasso probably had dyslexia, just like him. That blew Ike's mind.

At the end of summer, Ike's mother gave him a reward for how hard he'd worked on both his reading and his art—she said that he could paint his bedroom any way he wanted. She even bought the materials Ike needed for the project he had in mind. In addition to reading every day, he painted.

Ike's mother also met with Mr. Isaacson about adjusting Ike's IEP, or Individual Education Plan. "I don't want you struggling with your homework the way you were last year," she explained to Ike. Mr. Isaacson agreed that Ike's teachers needed to come up with some new strategies for helping Ike.

When school started again in the fall, Ike wasn't exactly thrilled, but at least he wasn't dreading it.

"Ike, I see you've made a lot of progress over the summer," Mr. Isaacson said when he and Ike

met for reading help. Ike smiled. It was true.

Think About It

- What's in store for Ike? Do you think he's in better shape to face his schoolwork? Why?
- Is there something outside of school that you're really good at, the way Ike is with art? How do you fit it in? Does it help you do better at school?

Ask Dr. Robyn

A lot of people don't understand dyslexia and other learning disorders. For one thing, just because a guy has dyslexia or a learning disorder does not mean he is not intelligent. However, dyslexia is not something that a guy can outgrow. Guys with dyslexia can make a lot of progress. However, they must find alternative ways to learn so that they can successfully cope with the disability throughout their lives. They still may struggle, but these strategies can make it easier for them to become whatever they want to be.

Ike is luckier than some other guys. When he was just learning to read, a professional identified his dyslexia. Identifying dyslexia is hard because many teachers are not trained to spot it, especially since reading problems can stem from other factors. So unlike other kids, Ike is not struggling alone. His parents and teachers know how to help him.

Unfortunately, dyslexia can really hurt a guy's self-esteem, especially when it's combined with mean remarks like "stupid" or "lazy" from people who don't understand. One of the best ways for a guy to fight low self-esteem is to find something he's good at and pursue it. That's what Ike did with art. Ike's problems are not solved, but he can cope.

Work It Out

1. If you are suffering from dyslexia, remember that you are not alone. A lot of successful people suffer from dyslexia, such as actor Whoopi Goldberg and even writers like John Grisham and John Irving.

2. Make sure you become involved in activities that you love and at which you can excel. This will give you self-confidence that will carry over to all areas of your life.

3. If you are struggling in school, talk to your parents. They can find services or interventions to help you.

The Last Word from Chris

Believe it or not, dyslexia is not all bad. Scientific research shows that the same biological factors that cause dyslexia in a guy may also make him more creative. Maybe that's why so many people with dyslexia have gone on to become leaders in arts, business, and science. But it's hard to do anything if you don't like yourself. To me, that seems like the biggest problem. So, if you have dyslexia, work hard at reading, find something that you're good at, and keep your chin up.

Chapter 4

Testing the Future

In an increasingly competitive world, many people believe it can never be too early to start thinking about your career. A lot of that has to do with the high cost of college. Changing your major multiple times can increase the years you spend in college. And that could cost thousands of extra dollars.

You can even take aptitude tests to see what fields would likely be the best fit for you. Some parents use these tests to try to guide their child into a career. These parents believe they are doing what is right for their child. But aptitude tests are just guides. The result of a test should not be the only factor in your career choice. Plus, at this age, you have a lot of the world to experience before deciding what you want to do as an adult. Juan's parents tried pushing him down a particular career path. Here is his story.

Juan's Story

Juan grew up wanting to be a lawyer, just like his dad. But one day, Juan decided he would rather be a firefighter. Then he watched a movie about space travel and decided he wanted to be an astronaut. Of course, at the time he was only eight years old. As Juan grew older, he continued to imagine himself in all kinds of possible careers. He loved that the future was filled with so many exciting possibilities.

By middle school, Juan's teachers and parents realized he was really good at math. He understood the concepts behind math and was able to solve most problems pretty quickly. On tests in school and standardized tests, he always earned or came close to earning the top score.

But Juan had a ton of other interests as well. He liked history and writing, and even though he was really good in math, it wasn't one of his favorite subjects in school. He also loved to play soccer. It didn't matter that he wasn't the best player. His teammates were some of his best friends, and he loved being part of a team.

Think About It

- Why do you think Juan had so many interests?

- **If Juan was so good in math, why do you think it wasn't his favorite subject?**
- **Is your favorite subject the one you're best in?**

Juan's parents had always encouraged him to prepare for the next step in life. They taught him to read when he was very young so he'd be ready for kindergarten. When he finished elementary school, they put him in summer school to do extra prep work for middle school. Now that Juan was in middle school, they took Juan to a career-counseling service. They wanted Juan to know in advance what classes he should take in high school to prepare for his future. The counselor there would test his skills and help determine what careers he might be good at as an adult.

"Well, Juan," began the counselor. "The tests show that your strongest aptitude is math. There are many great careers that would let you use this skill. Engineer, physicist, architect. Finance, computer programming. Really, the sky's the limit."

The counselor gave Juan a bunch of brochures and recommended that he take classes such as calculus and physics in high school. Juan felt overwhelmed by all the information. The classes sounded hard, too. He worried that he

wouldn't be up to the challenge.

Think About It

- **Have you ever taken a career or aptitude test? Did the results match what you think your strengths are?**
- **Do you know what profession you want to be in when you grow up? If so, how do you know it will be the right career for you?**

That night after dinner, Juan and his parents sat down to discuss the career test results.

"Juan, you are so good at math. I think you should focus on that and get a head start for college and your career," Juan's dad said.

"College costs so much, dear," added Juan's mom. "We'd hate to see you struggle there and maybe take extra time to graduate. More prep work now will make college so much easier."

"We're putting you in extra classes on Saturdays to help you take calculus sooner when you get to high school," explained Juan's dad.

"But I have games on Saturdays," Juan said. "I don't know if I want to miss that much playing time."

His dad shrugged a bit. "You'll have to leave the soccer team because you won't be able to make weekend games."

Juan looked at both his parents' faces. He could see that they loved him, and they really believed that the classes would be best for him. He agreed to quit sports and focus on math and science. Besides, he thought, I was never going to be a pro soccer player anyway. This is better for my future.

Think About It

- **Why did Juan's parents think he should start to focus on math and science classes?**
- **What do you think about Juan's parents' decision to have Juan quit soccer? What would you do if you were Juan?**

Juan started the extra classes. At first, he learned many new things. Soon, he was studying trigonometry, something that most students don't learn until a year or two into high school. After a few weeks, though, his progress began to slow.

Every day was the same thing—take this math class, go to that science class. He didn't even get the weekend off, since the extra classes plus homework took all his free time.

It didn't take long for him to start dreading school. He started doodling and daydreaming during class, things he had never done before. He

missed playing soccer more than he thought he would, too.

When Juan came home from school, he started going straight to his room. He felt like he had to study all the time. If he was hiding in his room, his parents couldn't tell when he was just staring off into space.

When Juan got a C on his next chapter test, he knew his grades were going to be in trouble at the end of the quarter. He was mad at himself—he knew he could do better than that. But it was so hard to concentrate and study because he was so burned out from all the extra work. If only I could just play soccer again, he thought. I just need a break!

Juan knew he'd be in big trouble if he brought home bad grades. Steeling himself, he decided to talk to his parents about quitting the Saturday math classes. One evening before dinner, he sat down with his parents and told them everything.

"I want to make you proud of me," Juan explained. "But I need a break from all these classes. I want to play soccer. And I miss my friends."

Juan was astonished to see his parents nod-

ding sympathetically.

"Juan, it's okay. We wanted you to get a head start," explained his mom. "But we don't want you to end up hating math, either. You can quit the extra classes and join soccer again if you work to bring your grades back up in school."

Juan was surprised—and grateful. He thought he'd be in big trouble. But instead, it seemed as though his parents understood after all.

Think About It

- **Why do you think Juan's grades started to slip and his mood changed so much?**
- **Have you ever been forced to take classes you didn't enjoy? How did you handle the situation?**
- **Have you ever been afraid to tell your parents something because you thought what you had to say would disappoint them?**

Ask Dr. Robyn

The pressure to find the right job is tremendous today. Parents want their children to be fully prepared. In order to get ahead, some parents believe their children need to start focusing on a career early.

Some teenagers already have a strong idea of what they want to do. So focusing on certain classes is no problem for them. But many others have no idea what they want to be when they grow up. They are still trying to figure out who they really are. Even adults question their career choice from time to time. Many people work in one career for years only to start doing something completely different later in life.

You might think it would be nice to know what you want to do early in your life. But choosing a career path is complicated and shouldn't be decided quickly. Give yourself time to learn as much as possible about potential careers before choosing your path. Going to a counselor may be helpful, but your counselor can't decide what's best for you.

In preparing for the future, don't overschedule yourself. You need a break sometimes, too!

Work It Out

1. If people are trying to steer you toward a certain profession that you aren't interested in, calmly tell them how you feel. Show them what you would really be good at instead, or just tell them you haven't decided.

2. When you think about your future, consider multiple options. If your first choice doesn't work out, it's always good to have backup plans.

3. Ask questions. Learning more about a career can help you prepare for it and decide if you're truly interested in it.

The Last Word from Chris

There will always be people trying to give you career advice—your family, your friends, your teachers, your counselors. They just want to help you. But in the end, you have to choose a career that is right for you. If you are being pushed to go into a certain field that you really aren't interested in, don't be afraid to speak up. A job is something you will be doing five days a week, so you want to do everything you can to make sure you are happy with it.

BOY

Chapter 5
Anxiety Test

Few people enjoy taking standardized tests. These tests measure how well you're doing in certain subjects compared to your entire state or even the country! Some students have to pass the test to move on to the next grade. With all that pressure, who wouldn't be nervous? For some guys, however, test anxiety is almost too much to handle. In fact, it can be crippling.

You can prepare for the test for weeks and be sure you know everything. But some guys suffer from test anxiety. As the test nears, nervousness can make their minds go blank. Physical changes might happen as well—like a fast heartbeat, dizziness, an upset stomach, nausea. If this happens to you, all you want is to get out of that room and away from the test. Terrell was a good student, but he always struggled at taking standardized tests. Can he handle his anxiety?

Terrell's Story

"Michael, Jenny, Anna, Terrell . . ." Mrs. Guest passed back their history reports. Terrell glanced at his paper—a 96 percent. Terrell was pleased. He studied hard in all his classes and got mostly As with some Bs. He always did well when he had a report to do, and he usually got through regular tests all right. But bigger exams were a different matter.

"Good job, class," Mrs. Guest continued. "I think you will all be ready next month for the history section in the state exams. Remember, you have to pass in order to move up to the next grade."

A sweat broke out on Terrell's forehead. Even thinking about the state exams made his hands shake and his heart beat faster. The high stakes and high pressure of the big standardized tests completely freaked Terrell out every time. He shoved the report in his backpack. The A didn't seem so great now. What's the point of good grades, thought Terrell, if I fail the big exam?

Terrell knew that if he failed, he would have

to take—and pass—the test during the summer, or else he would repeat eighth grade. Terrell was terrified of that, especially since his friends didn't know he struggled so much with standardized tests.

After class, his buddy Aiden asked if Terrell wanted to study with some other people, maybe making it easier for them to prepare. "Nah, that's okay," said Terrell. "I'll just study by myself. Thanks for the offer."

Think About It

- **Why do you think Terrell didn't want to study with Aiden?**
- **Are you afraid to take standardized tests? If so, how do you deal with your fear?**
- **Do you feel more pressure when you take a standardized test compared to a normal test in school?**

Starting two weeks before the big test, Aiden and his other friends met each day after school and went over possible test material. They asked their teachers what topics would likely be on the test and learned it would cover math, science, reading comprehension, and history. They worked on a different subject every day.

Meanwhile, Terrell watched television after school or played video games. He was so nervous

about the test that he didn't even want to think about it. With one week left before the test, Terrell started to study. He had been trying so hard to ignore the test that he didn't really know what he needed to concentrate on. He looked over math problems for a few minutes every day and then switched to science for a few more minutes, then reading and history, doing a little of every topic every day.

Think About It

- **Whose approach to studying for the big test was better, Aiden's or Terrell's? Do you study more like Aiden or more like Terrell?**
- **Why do you think Terrell put off studying for the test?**

One day before the test, Terrell was already getting nervous, nearly to the point of feeling sick. Walking home with Aiden, he asked his friend how he felt about the test.

"I'm feeling pretty good," Aiden answered with a smile. "We've been studying, and I think I'm ready. I'm gonna look at a couple of things tonight and then go to bed early."

Terrell was amazed at how calm Aiden seemed to be! How could he be ready? Terrell

didn't think he was ready at all. He decided he needed to stay in his room and study everything he had gone over once again.

When Terrell got home, he ran straight upstairs to his room. His mom knocked on the door and asked him to come down to dinner. "I can't, Mom," he called through the door. "I have to study!" He didn't mention that he was also too nervous to eat.

He studied for hours, skimming quickly through all his notes and paging through each text-book. It was past midnight when he finally went to bed. He went to bed, but not to sleep—he kept imagining all the things that could go wrong at the test. He had a lot of trouble falling asleep.

At 7:00 a.m., the alarm started to beep. Terrell woke with a start—he'd been dreaming that he showed up for the exam in his underwear, and then failed because he didn't have a No. 2 pencil.

Terrell felt horrible. He was really sleepy, and he had a headache. When he got to school to take the test, he started to feel sick. Sweat started to form on his forehead. Then, when he got his test, everything went blank! He couldn't remember anything he studied, even the material from

the night before. He glanced over at Aiden, who seemed to be answering the questions with ease.

More and more, Terrell panicked. Stupid! he thought. Why don't you know this! He was able to answer a few questions, but when he looked at his watch, he saw that the time limit was nearly up. He quickly answered the remaining questions, but many of his answers were guesses. When the test was over, Terrell knew he hadn't done well.

A couple of weeks later, he got his test score back. He failed! He would now have to take the test again during the summer. Worse, he would have to go through the process one more time.

Think About It

- **Have you ever been nervous before taking a standardized test? Did it affect you during the test?**
- **What would you tell Terrell to do to prepare for retaking the test?**

Ask Dr. Robyn

Taking a standardized test can be very nerve-wracking. Being nervous is natural. Some guys, however, suffer from severe test anxiety. Once you start to experience these symptoms, they can snowball, even affecting how well you prepare for the test. Terrell was a good student, but he didn't know how to control his anxiety. If you know you get too anxious to take exams well, seek help. There is no shame in suffering from test anxiety. Your parents, a teacher, or a counselor can guide you in overcoming your fear.

Research shows that an estimated 20 to 30 percent of students feel the effects of test anxiety. Responses vary from slight fear all the way to outright panic. It's not about their ability. It's about the test situation. But anxiety affects their test performance.

Terrell worried about the test before he even took it. Instead of being confident that he was going to pass, he was scared he was going to fail. You can't allow fear to be in the driver's seat. If you can't remember an answer, come back to it later. Being well prepared and confident about your success often leads to a better performance.

Work It Out

1. If you suffer from test anxiety, talk to an adult about it. Don't keep it a secret because it may become more serious.

2. Take a practice test. This will allow you to become more familiar with the test and give you more confidence.

3. Give yourself plenty of time to learn the material. Cramming is not an effective way to study.

4. Learn relaxation skills, such as taking deep breaths or imagining yourself being successful.

5. Tests are only one measurement. They do not predict your future success. Work hard and focus on your improvements.

The Last Word from Chris

Suffering from test anxiety can be frustrating. You know that you know the material—you just have trouble showing it during a high-pressure test. Sure, the stakes may be high—but don't let a standardized test defeat you before you have even taken it. Preparation is your best weapon.

Chapter 6
Mr. Disorganized

Life at your age has a ton of changes. In addition to higher expectations, there's a lot of new stuff to keep track of. You switch classes for six or seven subjects now, not just art or music or gym. You have to make it to each room on time, maybe swinging by your locker to make sure you have all the right stuff. Then, each teacher does things a little differently. You have all kinds of homework due at various times. Maybe for the first time in your life, you can't just wing it. You have to be organized.

But how? Being organized at home and school is something you have to learn, just like most things. Kenny learned the hard way how important it is to be organized.

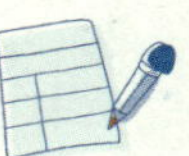

Kenny's Story

"You can never find anything in this mess!" Kenny's mom said. Kenny felt like she was always walking into his room saying that.

Kenny looked around his room. "I'm in the middle of a lot of stuff," he explained to his mother. The floor was strewn with clothes, which were under papers, which were under a pile of wires he needed for some electronics thing he was supposed to be doing with his dad. . . . Kenny noticed that his iPod was sticking out of one of his sneakers.

"I've been looking for that!" he said, grabbing his music player.

"You'd find a lot of things you needed if you organized your room," his mom said. "Not to mention how much time you'd save in the morning."

It was true. Almost every morning, Kenny was rummaging through his room looking for something he needed—a shoe, his phone, math homework. He usually found what he was looking for—eventually. Several times he nearly missed the bus, though.

Kenny's locker at school was just as bad as his room. Even other kids laughed about it.

Sometimes, Kenny would open it up, and books and papers would come spilling down in an avalanche. More than once, Kenny had been late to class because he was looking for something.

Think About It

- Do your parents tell you to clean your room a lot? Why do you think they're saying that?
- Have you been late to school because you were looking for something you'd misplaced?
- What does your locker look like at school? Do you try to keep it organized?

Kenny's teachers thought he was lazy and just didn't apply himself. But that wasn't the case. Kenny just didn't understand what the big deal was about being neat. He'd always been this way, and he'd managed just fine. Besides, cleaning was such a chore.

After school, all Kenny wanted to do was put on his earphones and head home. One day, he was quickly shoving things into his backpack while listening to some music. He headed out, not noticing that he was missing a few things.

That night, he couldn't find his notes about what problems he was supposed to do for algebra the next day. He had to call his friend Mike

to ask him. Then he couldn't find the copy of *Romeo and Juliet* he was supposed to be reading. His dad had to go dig out his old copy from the basement. By the time his dad found what Kenny needed, it was almost 9:30 p.m.. Kenny tried to catch up on act Ⅱ, but he was so tired. He could barely understand what was going on.

"Kenny," his dad said. "This is getting out of hand. You have to be more responsible." But then his dad helped him, the way he always did. "Let's read the play together. I'll tell you what's going on," he said, and Kenny handed over the book.

Think About It

- **Why did Kenny's dad help him with reading Romeo and Juliet? Was he right to do that? What would your parents have done?**
- **Do you think getting organized is a chore?**

In February, Kenny had to start on a science report. It would count for 25 percent of his grade in that class. Kenny's topic was about pesticides and algae. It required research and a lot of writing, as well as graphs, charts, and photos.

Kenny was assigned the project one month before it was due. But when he got back to his locker, Mackenzie was waiting for him. "I've got

something so awesome to tell you," she said. Kenny threw the instructions into his locker. Then he completely forgot about them. One week before it was due, he found them at the bottom of his locker under a wet glove.

"Mom! You gotta help me!" he said that night at home. He explained to her what had happened.

She sighed. "Okay, Kenny," she said. "I will help you this one last time. But this is it, really!"

She did some research online and helped create some charts and graphs while Kenny started writing. Sitting on his bed with his laptop, Kenny finally finished his report the night before it was due. He clicked "print" and got the report from the printer on his desk. Then he put the printout on the floor. He changed into his pajamas, throwing his clothes on the floor as well.

Think About It

- **Why do you think Kenny forgot about the science project?**
- **Do you know anybody like Kenny? What advice would you give him?**

That morning, Kenny grabbed his poster that had the charts, graphs, and photos. But he couldn't find his report, which was the most important part of the project. He remembered it

was somewhere in his room and frantically moved stuff around trying to find it. Then he heard the bus coming down the street. His mom and dad had already left for work. If he missed the bus today, he'd have no one who could drive him. He grabbed his poster and ran out the door, catching the bus just in time.

Kenny thought his report turned out pretty well. After working so hard this past week, he was totally bummed about not having his report.

"I did it, but I just couldn't find it this morning. I'll promise to bring it tomorrow," Kenny pleaded with Mr. Jackson.

"I'm looking forward to seeing your report tomorrow, but it will be counted as late. I'm sorry, Kenny."

"You mean I still lose 25 points?"

"I'm afraid so, Kenny."

Think About It

- **Where do you think Kenny should have placed his report? Do you have an area in your house where you always put your schoolwork?**
- **Why do you think Mr. Jackson took points off Kenny's project, even though Kenny said he did it and could turn it in the next day?**

Ask Dr. Robyn

For guys like Kenny, being organized does not come naturally. Intelligence doesn't have anything to do with it. It's just a skill that needs to be learned. Being organized is especially important in middle school since it tends to be more hectic and demanding than elementary school.

If you train yourself to become organized, it will help you perform better in school. Decide on a plan to get yourself together, and make sure you are consistent with it. The more you follow a routine, the easier it is to stick with it.

To be organized, you don't have to change your personality. Just a few simple steps can really help. The first step, though, is recognizing the benefits of being prepared, then putting it at the top of your list of things to do. Doing a few small things every day can keep things neat so you can find them when you need them. While it may seem like a chore at first, it won't feel like that once things are basically where they are supposed to be. And you won't have the chore of rummaging through everything to find something underneath. If you need help establishing a plan, don't be afraid to ask an adult.

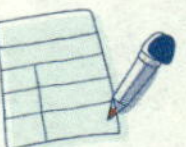

Work It Out

1. Use homework folders. Folders should be a different color for each class. After you do each assignment, put it in its correct folder right away.

2. Use a daily planner or online calendar to write down your assignments, and check it every day.

3. Have a spot at home where you always keep your backpack. And before you go to bed each night, make sure all your folders are in your backpack and ready to go.

The Last Word from Chris

If you are disorganized, get your act together before you lose something important. Here's a tip: Rather than waiting for the job to get really huge and wasting an entire Saturday on getting organized, break up the job. If your room is a mess, start by cleaning out a few dresser drawers. Then do your shoes. The next day do your computer stuff. It may take weeks. Then, just as importantly, keep things organized by putting stuff away as you use it. You'll never have to waste another Saturday again.

Chapter 7 The Perfect Speech

Making a speech in front of the entire class is always a little stressful. You've seen it before—kids with trembling voices, maybe stuttering or speaking too quickly. Maybe you've seen shaking hands or knees. Maybe you've been one of those kids. A lot of guys are terrified of public speaking. They're afraid of messing up or looking stupid. Who wants to be embarrassed in front of all of his friends?

But you can't avoid giving presentations. Teachers assign them *because* they know kids are afraid of them. They want you to overcome your fear and learn an important life skill. So how do you deal with the stress of public speaking? How do you stand calmly in front of a group of people and be relaxed? There has to be a secret you can learn, right? That is what Tyler wanted to know.

Tyler's Story

"Hey, Reggie, what's up?"

Tyler caught up to his friend and slapped him on the back.

"Oh, hey, Ty," Reggie grinned. The guys standing around his friend were all laughing.

"What's so funny?" Tyler asked.

"I was just telling everyone about my little encounter with Ms. Morton at our local drug store.... She was *not* happy to see me in line."

Reggie raised one eyebrow.

"What was she buying?" Tyler asked, laughing in anticipation. Soon Tyler was laughing with the others while Reggie told his story.

That's just the way it was with Reggie. He was so funny. He loved getting people's attention—and he knew how to hold it. The amazing thing was that Reggie was the same way even during class presentations. He never seemed nervous!

Tyler was the complete opposite. Just thinking about public speaking made his mouth go dry. Whenever he had to do a class presentation, he worried he was going to say something wrong,

or maybe even just forget completely what he was going to talk about. It was strange because, after all, neither of those things had actually ever happened to him. And Tyler wasn't what you'd call a shy kid. Somehow he just couldn't get over his fear of public speaking.

Think About It

- Are you afraid to talk to a large group? How have you dealt with that fear?
- Do you have a friend like Reggie who's not afraid of speaking in front of others?
- Do you think public speaking is an important skill? How could it be useful in your life?

Tyler had an oral book report to deliver in English on Wednesday, and he couldn't stop thinking about it. Monday night, he'd stayed up late rehearsing the presentation in his mind, even though he'd done the same thing on Sunday. He kept changing words, trying to find just the perfect ones.

Ms. Lake had said that when you give a speech, you shouldn't write out every word. You should make notes on index cards to remind you of what you want to say. That way, she said, you sound more natural. But Tyler couldn't help it. He had to write out everything.

Tuesday night he could barely sleep. When his turn came the next day, he walked to the front of the class with his heart pounding. Even though he'd practically memorized his report, he ended up reading the whole thing, barely looking up at all. He mumbled, too, and he read way too fast.

He wasn't surprised when he got a C on his presentation. Later in the week, Ms. Lake assigned class presentations to be delivered at the end of the term. Tyler wondered what he would have to do in order to avoid another C.

Think About It

- By putting pressure on himself to give a good oral report, was Tyler helping or hurting his chances to succeed?
- Tyler often went over his oral report in his mind. Is this a good way to practice? What methods do you think would be better?

Tyler realized he had a friend who could help him—Reggie! "You're so calm when you do your reports," he told his friend. "How do you do that? I'm already terrified about the history report." Tyler shook his head. "Can you help me out?"

"No problem," Reggie said. "The first thing you need to know is that you don't have to be perfect. People don't expect you to be perfect. You just have to know basically what you are talking about."

"I've messed up tons of times," Reggie continued, "said stupid stuff or forgot what I was going to say. It's no big deal. I always make a joke about it. That relaxes me, and it makes people laugh, too." Reggie paused for a minute. "You know, when I do that I think it actually makes my speech better. Everyone sees that I'm just like

them."

Reggie explained that, instead of taking in the whole crowd, he would look only at three people—a person in the front row, a person in the middle of the room, and one in the back. "So I feel like I'm only talking to three people," Reggie said. "You talk to three people all the time . . . no big deal, right?"

Reggie also said that Tyler should practice his speech out loud. "That will help you get comfortable with what you're saying," he said, "and you'll get used to speaking up."

Think About It

- **What do you think of Reggie's advice?**
- **Have you ever used any of these tips to give a presentation?**

As Tyler prepared his oral report, he remembered what Reggie said. When it was time to speak in front of the class, Tyler felt a lot more confident as he stepped to the front of the room.

The first part of his report went smoothly. He used his index cards to remind him what to say; he didn't read them word for word. But then, when he flipped the third index card aside, he realized card number four was missing!

"I . . . I . . ." he stuttered. He stopped cold and started to panic.

Then he remembered how Reggie said it was okay to mess up—he just had to keep going. "Sorry everyone, but index card number four seems to have run away. It must not have liked my report."

A couple people in the class giggled. Tyler's teacher smiled a little. "Can you continue, Tyler?" she asked.

"Uh, sure, I think so," replied Tyler. He gave the outline of what he remembered from card four, and then he was safely back to his notes. The rest of the report went well. He even made a few more jokes and got some more laughs. And Ms. Lake seemed pleased with his work. Tyler knew he wouldn't have to be afraid of speaking in public again.

Think About It

- Why do you think Reggie told Tyler to joke about messing something up during his oral report?
- When you give a speech or an oral report, do you follow Reggie's advice and look at just a few people? Do you use any other tricks to help you give a better presentation?
- How does practicing a speech out loud help?

Ask Dr. Robyn

Many people have a fear of speaking in front of a large group. The most common reason for this is that they are afraid of looking foolish in front of everyone. But remember that the people in the audience want you to succeed. Think about the times when you've been in an audience. Aren't you rooting for the speaker?

If you're nervous to speak, take a few deep breaths first. This slows down your heartbeat and helps you feel more relaxed. When you relax, you'll think more clearly and probably won't talk as fast. And Reggie was right. One of the best ways to overcome a fear of public speaking is to say to yourself, "So what?" So what if you make a mistake? What do you do when you make a mistake among friends? You smile and correct yourself. The people in your audience are just people. You can smile and correct yourself in front of them, too. It's a tried and true rule among public speakers—even the president does it!

As with other fears, the more you face your fear of public speaking, the less power it will have over you. That's probably a main reason why your teachers assign oral reports in the first place. They are giving you practice for an important skill that will serve you for the rest of your life.

Work It Out

1. Don't be afraid to rely just on notes. If you get stuck, you can refresh your memory. But you won't be reading, so you can still make eye contact and sound natural.

2. Practice your speech out loud. Do it for your parents, friends, your little sister, your dog—even in front of the mirror.

3. Take a deep breath and smile at your audience. Concentrate on standing up straight and not speaking too quickly.

4. Look for opportunities to practice public speaking, such as student council or debate.

The Last Word from Chris

You want to know an easy way to be a good public speaker? Don't consider yourself a public speaker! When we give a speech, we think we have to do as well as the president. We think we have to be perfect and not forget anything. Don't try to be like someone else. Instead, just be who you are. If you use humor when you talk, then do that when you give a speech. Your audience is expecting to hear you speak, not the president.

Chapter 8

The Project Leader

Everyone has to do group projects. Teachers assign group projects at every grade from elementary school through college. In fact, depending on their jobs, many adults have to do group projects, too. Being able to work effectively in groups is a very important skill that you are likely to need throughout your life.

Teachers assign group projects for lots of reasons. Sometimes it makes doing a project more fun. Other times, a teacher wants to see how well students work with others, especially if they don't often work together in the classroom.

However, group projects can also be frustrating. The members of the group may not get along well or one member may not do a fair share of the work. See what happens to Ray when he is assigned to do a group project.

Ray's Story

Ray generally liked doing group work. Usually it was more creative than regular school work. He liked designing posters and making videos for projects. Whenever they got to choose their own groups, Ray and his friends always worked together. They could trust each other to finish their own parts of the project. They always had a great time, and they usually got good grades, too.

The only problem was history. Mr. Stephens never let the students choose their own groups. Ray had been lucky—during the first two projects of the year, he'd been put in groups with friends both times. But this time, when Mr. Stephens made the groups for the Civil War project, Ray groaned. Miguel and Zack were all right. But Dean! Dean's such a slacker, Ray thought. I don't want to get a bad grade because of stupid Dean!

Think About It

- **Why did Ray usually enjoy doing group projects?**
- **When the teacher assigned who was going to work on each project, why was Ray upset?**
- **Have you ever had to work on a group project with people you didn't like? How did you handle it?**

When the group met to discuss who was going to do what, Ray took over the conversation.

"Okay, so, we have to do a presentation on the Battle of Gettysburg. Miguel, you talk about weapons and fighting. Zack, you research the generals."

Miguel and Zack high-fived. "All right!" exclaimed Miguel. "The military stuff is sweet!"

"I'll take the hard part," continued Ray. "I'll talk about how the battle affected the rest of the war. Dean, you can do the Gettysburg Address—that will be the easiest part."

Dean looked a little resentful, but he didn't say anything.

"Okay, good," finished Ray. "Let's work on our parts and get together in three days. Then we can start writing our speeches and getting props next week."

When the group got together again in three days, Ray, Miguel, and Zack all had their research done. Dean came with a mostly blank piece of paper. All he had done was scribble his name and jot down a couple of thoughts.

"Sorry, guys," Dean said, not sounding sorry at all. "I guess I forgot. You seem to have everything under control without me, though."

Think About It

- **Why was Ray so worried about having Dean on his project team?**
- **Have you ever been part of a project where one person told everyone else what to do? How did you react?**

Ray was fuming. If Dean thinks he can get away with this . . . Ray thought. He kept his temper in check, however. Gritting his teeth, Ray replied, "That's okay, Dean. We'll help you catch up."

Ray decided the group's assignments for the next couple of days. When they met again the next time, Dean still hadn't done his share.

This time, Ray was sick of doing Dean's work. "What is your problem, Dean? It's gonna be your fault if we get a bad grade."

"Who died and made you boss?" Dean said sarcastically. "If everything's gotta be your way, then do the work yourself."

Dean smirked and walked away. Ray was ticked off, but who was he kidding? Dean could get away with it because he knew Ray wouldn't let the team get a bad grade.

Think About It

- **When Dean didn't do his fair share of the work at the start of the project, should Ray have talked to him then? Why?**
- **What was the reason Dean gave for not doing his work?**
- **What are some things Ray could have done differently when the group first got together?**
- **If you were Ray, would you do Dean's work? At this point, is there anything else Ray could do?**

Ask Dr. Robyn

Every good student's worst nightmare is being stuck with a slacker in a group project. You and the other members are doing what you're supposed to while one member does nothing. How do you fix a problem like that?

First, you have to confront this person and find out if there is a real problem. Ask with respect rather than being accusatory. Maybe he is having difficulties at home or has a few other projects he is working on at the same time. If there is a good reason for him not doing his fair share of the work, try to be understanding. Try to come up with a fair solution, like taking one part of his task away and dividing it up among the rest of the group. But be clear that he has to come through with the rest of the project.

However, sometimes a person just refuses to do his share of the work, or promises to help but never follows through. This can be a serious problem. If you are unable to solve the problem on your own, then it may be wise to get the teacher involved, especially if everyone on the project is receiving the same grade.

Work It Out

1. Give people a chance. Having low expectations of a group member does not help. If you and the rest of the group provide a positive example, he may learn from you and improve his effort.

2. Make sure everyone has a say in who does what in a group project. Try to promote teamwork.

3. When you see someone not doing his part of the project, don't ignore the problem. That will only make things worse. When you talk to him, be firm but not angry. Work with him to adjust his assignments.

The Last Word from Chris

Sometimes there are good ways to deal with a group slacker: helping him feel included in making decisions, making sure he can handle his assignments, and talking to the teacher if he's just dead weight. Sometimes, though, you've got to make the best of a bad situation and take on the extra work. It's not fair, but, like you've heard a million times, life isn't always fair. Sometimes you just have to roll up your sleeves and get stuff done yourself.

Chapter 9

The Workaholic

"You need to go to college to get a good job." Adults are always saying that, and it's true for many guys. But the situation is not that simple. Attending a four-year university is expensive. Even if you graduate at the top of your class, there's no guarantee you'll be able to afford to go to the school you want.

That fact can lead to stress for many guys. Even if they're not old enough to work a "real" job, they still feel the pressure to start earning money and saving for college. Pretty soon, their afternoons and weekends are booked with mowing lawns or delivering papers. And that leaves no time for being a kid. Pete was a guy like that. He became so worried about his future, he forgot to live in the present.

Pete's Story

"We are so very proud of you, Petey."

Pete rolled his eyes. His parents were always saying that. It embarrassed him, but he had to smile a little, too. Those words meant a lot coming from them. His parents were both second-generation immigrants—their parents had immigrated to the United States in the 1960s. Pete's father still ran Nick's Deli, the store his father had founded in 1971.

To Pete, it felt like Nick's Deli was the setting for almost all of his childhood memories. That's where he lost his first tooth; he learned to read at one of the faded yellow tables. His parents were always there, working, and so that's where he grew up.

"We never got to go to college, Pete," his mother once told him. "But maybe, if we save enough, you'll be able to." And, more than anything, Pete wanted the honor of becoming the first person in his family to earn a college degree.

Pete was years away from even applying to college, but his head was bursting with ideas about how he was going to pay for it.

Think About It

- Why was it so important for Pete to go to college?
- Was Pete worrying about the cost of college too soon? Why do you believe that?
- What would you do if you wanted to go to college but couldn't afford it?

"Why don't you do stuff around the neighborhood to earn money? You could mow people's lawns, maybe." Pete's mom leaned against her broom for a minute as she talked to him. She'd already said "no way" to having him work at the store until he was old enough to be a legal employee.

"Pete P's Lawn and Garden Service," Pete said slowly. He liked the sound of it. As soon as he went home, he designed a flyer for his business. For the next week, he went around the neighborhood knocking on doors and passing out his ad. Soon he had a list of neighbors who were happy to pay him to mow their lawns and pull up their dandelions.

Pete had to go out and actually buy one of those daily calendars adults use because his schedule got so busy. He had appointments every day after school and during the weekends until dark. Sometimes it was stressful trying to finish quickly to make it to his next client on time, but the money was rolling in. Pete knew exactly what to do. With his parents' help, he invested the money in a special college fund. The deal with his college fund was that the more money he put in and the *earlier* he did it, the more interest it would pile up. And, as he understood it, interest was like free extra money.

Whenever Pete didn't want to get out of bed early on a Saturday or couldn't bear the thought of dragging his tired body to another person's yard, he remembered his college fund.

Think About It

- **Do you think Pete working so soon to save money is the right thing to do?**
- **What are some of the possible consequences of Pete working nearly every day?**

Pete's phone wouldn't stop vibrating.

"Okay, okay," he said. He turned off the lawn mower and pulled out his phone.

It was a text from Malcolm: "Beach on Sat.?"

Good old Malcolm. Most of Pete's other friends had stopped inviting him to stuff—the parties on Friday nights, ballgames, or afternoons at the mall. Pete pretended he didn't care. It was easier not having to hear about all the fun his friends were having while he had to work. But still . . . Pete smiled when he got the text.

"Sorry dude," he texted back.

After a second, his phone buzzed. "Stop working so much! Ur missing out on life!!!"

Pete yanked hard on the lawn mower cord, and the machine roared into action. Easy for you to say, he thought as he pushed the mower through the thick grass. Beads of sweat ran down his face.

Malcolm is so spoiled, Pete thought as he wiped his sleeve across his mouth. Malcolm's father was president of some company downtown. In fact, none of Pete's friends could understand what he was going through. Either they had money or they just didn't care about college the way he did. He couldn't help it if they didn't understand.

Think About It

- **Is it mean of Pete's friends to stop inviting him to stuff?**
- **Why does Pete think his friends can't understand his situation?**

That Saturday, Pete got sick—throwing up, feverish sick.

"I'm calling the neighbors to cancel for you," his mother announced. She was right. There was no way he could mow lawns today.

One thing Pete hated about being sick was being alone. His parents were at the store, and his little sister was out with friends as usual. He could watch only so many game shows before the television gave him a headache. As Pete stared at the ceiling, uncomfortable thoughts started creeping in. He thought of Malcolm's message: "You're missing out on life." Why had it made him so

mad?

Pete remembered that his friends were at the beach right now. In his mind, he saw them playing volleyball, drinking cold soda, and soaking up the sun. He could hear the seagulls and smell the water.

Pete felt like his heart was being squeezed. His eyes felt hot. He smacked his fist down on his bed. "I hate my life," he whispered. He resolved right then and there to change it—if he could just figure out how to begin.

Think About It

- **What advice would you give to Pete?**
- **Have you ever been in a situation where you felt like you had to live up to your parents' unspoken expectations?**
- **Have you ever felt stuck in a situation the same way Pete feels stuck?**

Ask Dr. Robyn

Planning for the future is a wise thing to do, but it can't be the only thing you do. Pete was working so much, he was starting to lose his friends and miss out on experiencing the fun things in life. He was working to save money for college, and while that is a worthy goal, it can't be the only way he spends his time.

As you could tell, Pete was starting to resent his life and having to spend so much time working. Pete felt pressure from his parents, even though they never actually asked him to save for college. Work just became a means to an end. When work is only about money, it's easy to start to dislike it.

You may even start to resent the fact that you have to work so hard to achieve your goal. As you look at what you are missing out on, the idea of attending college may not be as appealing as you once thought. You might ask yourself: "Is this really worth it?" That's why it's important to strike a balance between planning for the future, working to attain your goals, and living in the present. Having a good social life can also be important to your future success.

Work It Out

1. Before deciding to work in order to pay for college, learn about scholarships and grants available to people in your situation. When the time comes, apply for as many of them as possible to help pay for college.

2. As part of your schedule, make sure you leave some free time available for yourself. Use that time to then hang out with friends or to do something fun.

The Last Word from Chris

"Nothing in excess." The ancient Greek thinker Solon is said to have first spoken those famous words. If you think about it, Pete's motives were totally right. He was doing everything he was supposed to—he just got carried away. Everybody has an area in their life where they go overboard. Maybe for you it's watching too much television, eating too much, or even working out too much. I can't think of a single thing that isn't bad for you when it's taken to an extreme—can you? Fortunately, Pete noticed the bad feeling we all get when we lose control. He paid attention to his gut and admitted he was wrong. He's going to be okay.

A Second Look

Navigating school might seem as impossible as fitting a square peg through a round hole. So many different things are thrown at you at the same time that it is easy to feel overwhelmed. You have to deal with social issues, like what to wear and how to act and why someone who used to talk to you no longer does. At the same time, you have to overcome new fears like taking difficult standardized tests or speaking in front of the whole class.

What you have to remember is you are not alone. Everyone in your school is facing the same problems you are, whether they want to admit it or not. The "cool" people are worrying about whether they are still cool or not. The guy who is making really good grades is worried about having to one day pay for college.

When dealing with stuff like this, the answers won't always come easily. In fact, you may not be able to come up with a solution to a problem at all, and that's fine. At that point, ask for help. A parent, a teacher, or a friend would be more than happy to give you support and help. Don't get so caught up in the everyday drama around you that you forget you have a support system. And no matter what you think, your current problem will likely seem less stressful with time. Take time to relax and enjoy the present.

Don't stress!

Chris

Pay It Forward

Remember, a healthful life is about balance. Now that you know how to walk that path, pay it forward to a friend or even yourself! Remember the Work It Out tips throughout this book, and then take these steps to get healthy and get going.

- When dealing with your education and future career, remember to always have balance in your life.
- Trying to change who you are to become part of the cool crowd could backfire on you. Change can be good, but don't forget who you are.
- Figure out which after-school activities are more important than others. That way, if you start to feel overwhelmed, you will know which activities you wouldn't mind cutting out.
- If you have dyslexia or another type of learning disability, remember you are not alone. You can overcome challenges with time, help, and good strategies.

- If someone is trying to steer you toward a career that you may not want, then speak up! You are the only person who really knows what may or may not interest you.
- If you feel yourself start to get overanxious before or during a test, try to relax. Take a deep breath and clear your mind of any negative thoughts. By believing you will do well, you often experience success.
- Try to remain organized. Sticking to a routine will make doing your schoolwork—and living your life—easier.
- When preparing for a report or speech, practice often and practice out loud. Then you won't be as nervous when you have to do it in front of people.
- When you are doing a group project, don't start by dictating what each person should do. Decide on who is going to do what as a group. That way everyone will agree with the plan.
- Wanting to start working in order to save money is great. But don't let your goal become an obsession. So make sure you schedule some fun into your life.